语文，可以教得更轻松

丁慎杰 著

燕山大学出版社
·秦皇岛·

图书在版编目（CIP）数据

语文，可以教得更轻松 / 丁慎杰著. -- 秦皇岛：燕山大学出版社，2024.8. -- ISBN 978-7-5761-0701-2

Ⅰ.G633.302

中国国家版本馆 CIP 数据核字第 20244PE279 号

语文，可以教得更轻松
YUWEN,KEYI JIAO DE GENG QINGSONG

丁慎杰 著

出 版 人：陈　玉	
责任编辑：王　宁	策划编辑：王　宁
责任印制：吴　波	封面设计：刘韦希
出版发行：燕山大学出版社	电　　话：0335-8387555
地　　址：河北省秦皇岛市河北大街西段 438 号	邮政编码：066004
印　　刷：涿州市般润文化传播有限公司	经　　销：全国新华书店

开　　本：710 mm×1000 mm　1/16	印　　张：10.5
版　　次：2024 年 8 月第 1 版	印　　次：2024 年 8 月第 1 次印刷
书　　号：ISBN 978-7-5761-0701-2	字　　数：160 千字
定　　价：55.00 元	

版权所有　侵权必究

如发生印刷、装订质量问题，读者可与出版社联系调换

自序

说到读书，免不了强调语文的重要地位。北京大学孔庆东教授曾说："语文不仅关乎高考成败，而且关乎安身立命。"由此可见，语文学习所训练的是人对一切文明符号的理解力和创新力。语文，是特别的。

学习语文并非一日之功，也不可一日无功，教学亦是如此。在教师每日的辛勤付出中，有太多价值需要被发现、被彰显，从而化作更大的力量——理解的力量、感召的力量、激励的力量……同样，诗意的、宁静的、优雅的、温婉的语文课也会成就学生诗意的、宁静的、优雅的、温婉的人生。

我始终坚信教育者应当常怀慈悲之心。真正的慈悲是一种平等，你有力量，他同样也有力量。一个教师如果有这样的信念，那么他教的每个学生都是有力量的，也都是有光的。教育的终极目标是普及爱和善良。

本书主要聚焦于对中学管理、学科教学、学生全面发展的思考。其中，内容涉及一些处理语文课堂突发事件的方法，以及我在执教生涯中部分重点课的教学实录和教学设计；除此之外，在语文教学过程中，我也始终不忘初心，尽最大努力关爱并教好每一位学生。三尺讲台永远值得我们去奔赴并坚守。

我工作在语文教学一线已有 24 年。

我从山里走出来,将青春献给了家乡的教育事业,将满腔热情和实干的作风带到了山东汶源。本书是我的语文教育随笔,希望对基础教育阶段学校的管理者和教师,以及其他关注教育的社会各界人士和学生家长有所启迪或裨益。期待能和更多奋战在语文教学一线的同人进行与教学相关的交流和探讨。

目录

◎ **教育随笔**

做一个唤醒心灵的优雅师者 /003

爱着，并被爱着 /008

用心·匠心·倾心 /010

要教好，就要有一锅新鲜的"老汤" /014

语文，可以教得更轻松些 /019

练技·求术·悟道 /022

被阅读的蓬勃的生命 /026

敢于·甘于 /028

作业如此改变 /031

语文学习并不难 /034

有方向感的感觉真好 /035

文言文教学浅见 /040

调一调视角，轻松走进大师作品 /042

名著阅读现状堪忧 /044

读中知不足 听中忙标记 评中话长短 写中强体验 /046

我说出了自己的梦 /048

走进作品才可以真情朗读 /050

有感于校长的话 /052

教师将什么留给了学生 /054

为师当自省 /056

由《孔乙己》教学想到的 /059

学会交流 消除陌生 /064

那棵黑黢黢的树 /065

放下又怎样 /067

天下本无事，庸人自扰之，我想通了 /069

惊喜之余 /074

倾听 /076

有感于《紫藤萝瀑布》/078

读《静悄悄的革命》/081

面向个体的教育 /083

别问我，我都知道
　　——写在"介恒班"离别的日子 /085

长成你们希望的样子 /089

观《万世师表》有感 /091

有荤也有素：温暖相伴的上海之行 /094

教育的契机 /097

做学生，努力的样子最美 /100

我的学校观 /103

相逢是首歌
　　——写给孩子们 /106

观汶源 /110

那年 棋山 /112

◎ 教学设计及教学实录

基于"立德树人 润物无声"情感体验的课例研究与实践
　　——《送东阳马生序》教学实录 /117

基于"立德树人 润物无声"情感体验的课例研究与实践
　　——《茅屋为秋风所破歌》教学设计 /127

基于"立德树人 润物无声"情感体验的课例研究与实践
　　——《大雁归来》教学案例 /130

基于"立德树人 润物无声"学生疑难与困惑下的课例研究与实践
　　——《记承天寺夜游》教学实录 /135

《孔乙己》教学实录
　　——汶源学校初中部开放周公开课 /151

教育随笔

做一个唤醒心灵的优雅师者

教语文，练好普通话

1998 年，我回到母校教语文。走上讲台的第一天，我便要求每一个学生都要说一口流利的普通话。我的这一举动在很多教师眼里是"洋性"，甚至遭到了别人的冷眼。由于和庄地理位置特殊，方言既有莱芜口音也有博山口音。我上学时就常被同学笑话，所以我坚定信念，一定要让我的学生讲好普通话，言谈举止一定要落落大方。当好多学生都不好意思开口时，我就用"绝招"——"奖励"他们学习跳舞。这样一来，学生们也就都主动开口了。为了纠正发音，我利用一整个秋假整理了和庄人发音不准、易出错的 700 多个字，并用蜡纸刻好，用老式油墨机印刷出来。经过反复练习、严格训练，山里的学生也可以用一口流利的普通话进行交流了。

广阅读，作好自己的个性化教学

刚教学的那些日子，我抄写教案，学生们提不起精神，课堂死气沉沉。几经思考，我终于明白，只有不断提高自身教学水平，才能更好地理解教材，才可以在课堂上给予学生正确的评价和引导。那时，受地理位置的限制，又加上当时环境相对闭塞，和庄没有书店，想买书，就必须跑远路。于是我骑着摩托车到泰安、到淄博去买书，每个月 300 多元的工资常常有多半花在买书上。每次出差回来，儿子总是习惯性地翻看我的包，抱怨地说："爸爸出差，回来不用看，包里面除了书，还是书……"是阅读让我在书中与名师相遇。阅读、记笔记、实践、反思、再实践，6年，我写下了24本读书笔记，整理了几百份名师的教学案例和实录。一回家我就端坐在书桌前，阅读、备课、书写教案，很多时候都到凌晨，妻子说我入了迷。"有心人，天不负"，从区优质课到省优质课，从区教学能手到省教学能手，从一名普通的一线语文教师到市学科带头人，我用了3年的时间来证明自己。新课程改革期间，我仔细研究综合性学习并不断摸索，探索农村中学特色的综合性学习之路。关注民居古迹、搜集家族文化、了解民风民俗、整理家乡语录等相应的具有鲜明农村地方特色的综合性学习活动的开展，让学生对于生活与语文有了更多的认识，受到了家长、学校、社会各界的一致赞誉。回首那段青春岁月，我总结出，唯有勤奋肯干、甘心奉献，才能走出一条从容优雅的教学路。

悟师道，唤醒学生沉睡的心田

舞者用身姿、舞态、表情诠释优雅，用无声的语言传递情意，感染观众。师者也应该如舞者一般，在教学中，唤醒学生的心灵，育人于无形。在我从教的24年中，共送走了8届毕业生。最难以忘记的就是每每外出讲课或者出差回来，总能看到教室窗户边有许多渴盼的目光，进入教室就有随之而起的欢迎的掌声，讲台上一张张写满想念的纸条或是藏在桌子里的几把酸枣，都在告诉我学生们的欣喜。那时，我觉得做班主任真的很幸福，我庆幸拥有自己的"一亩三分地"。

无论教哪一届学生，我都希望学生们满怀信心，执着追求，乐观向上。静静地关注，耐心地呵护，细致地辅导，我想让学生们有一颗向上、向善、乐观的心。对于农村的学生来说，唤醒他们的心灵最重要。那一年，我的班里有一名连拼音都不会的学生，甚至连名字都是生生用笔画拼凑着写出来的。看到这样的情况，我常常与那个孩子交谈，饭后有时间也会约他到操场走两圈，聊一聊家庭，问一问理想，谈一谈当下，说一说困难。那名学生因为入学年龄较小，所以要比年龄稍大的学生反应慢一些。交流中，我问那名学生有没有认真地想过自己的将来，学生摇摇头；我问他有没有想过要考哪所学校，学生沉默不语……那个一直以来被忽视的、被怠慢的心灵还在沉睡。往后的日子里，我抽空教那名学生认读拼音，给那名学生听写生字，用自己的耐心和细致敲开了学生关闭已久的心扉。有一天，那名学生主动地找到我，坦诚地说："老师，我想学习了，您觉得是否有些晚？"从那之后，我一步一步地陪着他慢慢赶。3年后，那名学生初中毕业，进入职业学校，再后来参军。现在我总能接到他的问候电话，电话那头说："老师，没有和您在操场上的那一次聊天，就没有我幸福的今天！"

2016年，我加入汶源。我的"介恒班"有47名学生，其中31名是男生。

优雅地唤醒，已经成为我的"法宝"，但这一次却远没有想象中那么简单。果然，新生开学一个月，各种各样的事情一股脑地袭来，不分地点、不分时段、不分对象。那天，我瘫坐在椅子上，对面的"暖男老师"笑着说："老丁，你有福了。"

从那时起，思索与规划同行。"介恒班"如何进步成为我无时无刻不思考的问题。此后，教室里我放上一张桌，摆下一条凳，翻开一本听课记录，细心地进行课堂观察。谁上课双脚侵占前面同学的板凳，谁又将忧郁的眼神抛向空中，谁只用双眼记录而不动笔，谁又在左顾右盼、神情闲散……放学前，我用幽默的语言反馈学生们一天8节课的表现。一个月后，办公室的老师开玩笑说："丁老师，你快别回来了，办公室多了你，我们不太适应！"就这样，一步步，一天天，学生们从当初的沉默不语，到后来的课堂积极活跃，我迈出了唤醒"介恒班"学子心灵的第一步。为了鼓励学生建立学习共同体，我创设"小组积分银行"，设计小组每日课堂及日常行为评价表，制定评价制度，每日评价、反馈，周总结、月汇总，将小组积分变成精美的书目"提现"。

初一下学期，班里个子不高的鹏同学跟班里的另一名男生打了一架。对于班里的第一次打架事件，我没有草率处理，而是反复思考，站在学生的角度考虑，拿捏轻重处理带来的影响。教育是为了更好地唤醒，妥善处理固然重要,但能让他们懂得宽容、懂得感恩,增强团结互助的意识才是关键。那天下午放学后,全班学生都在等着我的处理意见。我宣布,学生犯错,责任在班主任的身上,因为班主任教育不到位,管理失职,所以罚班主任在放学后一个人打扫班级卫生,打扫卫生区。结果宣布后,学生们一片哗然。放学后,我把学生赶走,一个人打扫起来,15分钟就把教室打扫干净了。当我拿起拖把走向卫生区的时候,我发现那两个"当事者"正在用拖把认真地拖地。那一刻,我的心里暖暖的。那年暑假,我在学校值班,中午从校门出来,看到鹏同学的妈妈正等在门口,她把拎在手里的一兜火烧和一兜油条塞给我,说:"丁老师,孩子跟着您,是福气,俺放心,俺一大早起来,烙了些火烧,炸了些油条,您尝尝。"我忘记了自己那时到底是怎么推辞的,但她始终坚持让我收下。那是最令我为难的一次,但也是我觉得最光荣的一次,我觉得那是我做班主任这些年来获得的最高的奖赏。

3年来,求真意识的唤醒让"介恒班"的学生们在融洽的氛围中茁壮成长。每一次班会,我都要求大家畅所欲言,反映班级一周的情况,谁是谁非不遮不掩,摆明问题,点明当事人,给出解释,商讨处理意见。"介恒班"的班会没有偏袒,没有虚假,大家在求真的氛围中谏言。

每学期初,学生们总是很散漫,也很慵懒。为了交流,为了督促,为了找到根源,找寻沟通的机会,我便早早地来到教室,力争与那些散漫的学生聊天。每天清晨,我总会在学生到校前等在教室门前。比我晚的,就跟他进行一次深刻的坦诚交流,问问原因,东说说,西谈谈。说说昨日课堂的表现,谈谈近来学习的困难,聊聊近期的学习目标,把学生勤奋、向上的意识唤醒,让自觉、自律成为一种习惯。每天课间操,我还会约他们一起做俯卧撑,坚持锻炼。

初三的学生,多少都有些逆反,为了实现家校沟通、亲子交流,我设立了亲情信封,学生们在日常留言,家长会上家长阅读后再留言,不便说的,说不出口的,都记录在纸上,装在信封里。新学期,我以同桌为单位绑定学习共同体,每月评价,颁发"介恒骄子"徽章,让他们互学、互助,共同发展。

唤醒，不需要蛮横，优雅就是智慧，优雅就是一种无声的从容。

再优美的舞者也会老去，但优雅的教育却不会过时。秉承着这颗初心，我砥砺前行，坚定地走在唤醒心灵、做优雅师者的路上。

爱着，并被爱着

教"博雅班"的第一年，我赶上了新教育，虽然不太明白，但还是做了，学着做。我布置了暑假作业，背诵整册书的文言文以及古诗，我承诺举行背诵比赛，并为他们颁奖。

开学了，背诵比赛如期举行。谁承想，他们竟背熟了整册书所有的文言文，背熟了所有的古诗，他们居然将练习中的古诗也全都背诵了。

比赛结束，颁奖仪式却因故推迟了。

种种原因，种种理由，孩子们一直在等待，不停地询问。我却一直拖延，仪式……一直在设计之中。

我汗颜，没有兑现自己的诺言，心里很不舒服。我有送给他们的真心的话语，我有亲手制作的礼物，但我真不知道学生们是怎么看我的，我很悲观。

但我心里却仍一直记挂着，记挂着。

暑假回来，学生们长高了，变大了，懂事了；但他们的生活却变了，他们的班主任到了城里，留下了他们。我无法知道学生们心里的感受。几天来，我一直在留意他们的生活。风雨来的时候，真担心他们不知该如何藏躲，真不知他们是否可以从容面对。

几天下来，我感受到仪式到了该启动的时候了。就这么办，就在这个时候，我要为他们补办这个仪式，虽然来得晚了一些，但我一定要补。

我设计了颁奖仪式，翻看自己准备好的一张张写满评价的小奖状。搜索，回忆，当往事历历浮现，我的眼睛几度模糊。我用自己的笔尖补充那些回忆，流泻自己的感动,艰难写完,我不敢想象今天晚自习我该如何表达我的情绪。

该来的还是来了。走进教室,打开多媒体,当音乐缓缓响起,我读起了那段文字,一字一句。我很难回忆起我是如何哽咽着将那段300字左右的文字读完的,当泪水轻轻地从眼角溢出,当我们都被回忆充塞时,唏嘘声已经遍及。

那些日子,风细细,我们一同走进山林感受田园的乐趣,留下魅影;我们在松树下留下班级誓言,畅言只有三班才是最棒的。那时,我们一同劳动,写下最美的田园诗歌;我们坦言,三班除了优秀没有多余的记忆。那时,课堂上,我们自由交流,没有拘束。

时间在这里凝滞。

这个迟来的仪式,并不是因为学生的哭泣我才铭记,也不是因为我自己动情我才铭记。因为爱着,并被爱着。

用心·匠心·倾心

2016年我与张健老师去青岛的崂山区参加了同课异构活动，同年，我有幸参加了山东省部编版新教材培训。两次出行，收获满满，感慨于青岛成功的教育经验，再结合新教材培训，不禁想用用心、匠心、倾心来谈自己的些许认识：一、育人需用心——生活教育；二、教学多匠心——走出透明的牢笼，想方设法做课堂的解惑之人；三、事业要倾心——把教育看成创业。

崂山六中，学校占地36495平方米，建筑面积为11456平方米，其中教学楼7400平方米，综合楼4056平方米。学校布局合理，环境优雅。学校提出了"健康人生，和谐发展"的办学理念，倡导"人人皆管事，事事有人管"的管理思路。学校全面贯彻党的教育方针，全面实施素质教育。学校在校园道路两旁班级管理的绿化种植区内种植蔬菜、种植果树。为什么要种植这些东西？参观的过程中我仔细观察，我想看到学生参与种植和管理的痕迹，我的确找到了。学校将生活教育放在重要的位置。现在，我们要培养的并不是可以考高分的学生，我们要培养的应该是全面发展、健康成长的人。后来，在读崂山六中崔校长的日记时，我的猜测得到了验证。写到这里，我一下子想到了之前我们举办的生活技能大赛。比赛中，学生们热情高涨，那一幕幕生动有趣的情景又浮现在眼前。我想，这些活动的意义远远大于活动本身带给他们的生活技能的提升。生活教育不仅要教他们知识，更要教他们学会生活、学会做人。

一次同课异构活动所讲的内容是"端午的鸭蛋"。几位选手分别从不同的角度展示教学过程，各有千秋。其中潍坊一位教师的一堂课给我留下了深刻印象：简单说，教师的设计是从学生的实际出发的，遵从了学生认知的规律，教案设计及课堂教学环节都有特点。我认为，做教师，尤其是做一名语文教师，我们的课堂教学要多一些匠心才行。

我们要将学生从透明的牢笼中释放出来。听课中，有一位教师课前让学生依据自己的预习情况提出问题。比如自己不理解的、自己想知道的，等等。学生自然提出了许多问题。在这些问题中，有的问题是较粗浅的，有的问题则是学生相互解答一下就可以解决的，其中也有少数问题很难回答但却很有价值。很遗憾，那位教师轻易地将这些问题放过了，一句话总结说："大家提出了很多问题，看来大家都预习得很好，那么今天就让我们走进课堂，感受文章的美。"那时我就在想，这位教师为何要设计这个课前提问的教学环节，难道就是想简单地了解一下学生的预习情况吗？既然学生提出了问题，被解答过问题的学生自然欢欣雀跃，而那些提出了问题却没有得到解答的学生，他们将作何感想？今后他们还会再提出问题来吗？当我们面临此种情境时，该如何处理？我们的教学是否应该多一些匠心呢？站在教师的角度分析，以生为本，必须尊重学情。我们回到那节课，假设教师可以根据学生提出的问题，将自己的教学设计与学生的问题相结合，确立文章学习的主问题，并以此展开教学，我想课堂的教学效果肯定会更好。那位教师为何没有这样做呢？我想，她心里在盘算着自己的教案，她不敢放手，也可以说只有根据自己的教案而展开的教学设计才能达到教师心中最稳妥的，也是最可控的课堂。我们在课堂中给出了问题，设计了种种思路，到最后还是逃不过用标准来框定学生，把自己认为最准确的并早已设计好的板书写上，似乎这样才会达到最佳效果。现在想想，我们是不是把学生关进了透明的牢笼？并且在自由发言的庇护下，成功地关押了他们呢？教师不从学生的学情出发开展教学，不敢及时调整自己的教案，其实就是没有进行充分的备课与预设。

所以，教学工作必须倾心而为，要为观察学情而倾心，要为学生活动的设计而倾心，而不是为完美地展示自己的教学预设而倾心。

对于文本的解读必须做到细致，对于学生活动的设计必须做到匠心为之。细致的文本解读有助于学生准确理解文本的深层含义，而匠心设计的学生活动则能激发学生的学习兴趣。下面我们就借用一首大家熟知的小诗来看看文本解读的关键之处以及疑惑之处。

咏柳

碧玉妆成一树高，万条垂下绿丝绦。

不知细叶谁裁出，二月春风似剪刀。

问题：碧玉指什么？丝绦指什么？柳树明明不是玉的，偏偏要说是碧玉；明明不是丝织品，却偏偏要说是丝织的飘带。这是为了表现柳树的特征吗？为什么二月春风似剪刀，似军刀行吗？

这些问题提出后，我们便要努力寻找解决方案。倘若站在学生的角度来思考和设计，那么行之有效的活动应该是想象和比较活动。倘若循着这样的思路来，我们就可以通过情境的创设引导学生想象春天柳树的婀娜与婆娑。

再来看《从百草园到三味书屋》中的问题。

长妈妈曾经讲给我一个故事听：先前，有一个读书人住在古庙里用功，晚间，在院子里纳凉的时候，突然听到有人在叫他。答应着，四面看时，却见一个美女的脸露在墙头上，向他一笑，隐去了。他很高兴；但竟给那走来夜谈的老和尚识破了机关。说他脸上有些妖气，一定遇见"美女蛇"了；这是人首蛇身的怪物，能唤人名，倘一答应，夜间便要来吃这人的肉的。他自然吓得要死，而那老和尚却道无妨，给他一个小盒子，说只要放在枕边，便可高枕而卧。他虽然照样办，却总是睡不着，——当然睡不着的。到半夜，果然来了，沙沙沙！门外像是风雨声。他正抖作一团时，却听得豁的一声，一道金光从枕边飞出，外面便什么声音也没有了，那金光也就飞回来，敛在盒子里。后来呢？后来，老和尚说，这是飞蜈蚣，它能吸蛇的脑髓，美女蛇就被它治死了。

结末的教训是：所以倘有陌生的声音叫你的名字，你万不可答应他。

教过很多年语文，这节课却很少被自己选来解读和教学。在反复阅读文本的过程中，我认为其中有一处逻辑不通的地方，也就是这段话的最后一句。按照鲁迅先生的逻辑，我们可以这样发问，有陌生的声音叫你的名字，你为什么不可以答应他？答案是那陌生的声音是美女蛇发出的，这显然是不合乎逻辑的。清晰记得，在一堂课上，李新荣老师喊出了某位学生的名字，这个教师与学生互动的活动，在学生理解文本方面起到了关键的作用；并且通过对这一段中这一句话的解析，学生更了解了鲁迅先生的写作风格，说不定，他们也会因为这一句话喜欢上鲁迅先生的作品。

要教好，就要有一锅新鲜的"老汤"

  过年过节，大家走亲访友很是高兴，我也同样。在品味别人家美味佳肴的同时，相信自己也会为如何烹出一道拿手的好菜而煞费苦心。前些天，有朋友要到家里来，我便想到用孩子姥爷养了若干年的公鸡来招待，那美味的鸡汤只是想想都觉得可口无比。但前几次做的都很不成功，这次来的朋友中有一家就是专门做炒鸡和清炖鸡的。那天在和庄他家做客，饭后，我说："要不明天我家的那只公鸡你来炖。"他一口答应下来，顺着话我就说："要不你把后备箱里的鸡一块儿给剁了吧，免得我回家费劲。"回到家，我就把剁好的鸡块放到了冰箱中。第二天，他果然炖出了美味的鸡汤。

  一次我们一起吃饭，席间他抽身出去，做了一道荷叶鱼端上来，那味道连我这个很少吃鱼的人都禁不住夸赞，两轮后再看，盘中只剩下鱼刺了。回来后，我就在思考，同样是做菜，怎么差距就那么大呢？答案有很多，食材不同、火候不同等，但是我觉得最为重要的是人家有自己的不为外人道的秘方。厨师有一手烹饪的好手艺，其实很多时候取决于他的"老汤"。做菜如此，教学是否也是如此呢？我们是不是也该有一锅"老汤"呢？

  说到这里，我想起一句话来："要给学生一杯水，教师要有一桶水。"我们来看这句话，我所说的"老汤"和"一桶水"并非同一个概念。给学生一杯水，教师先要有一桶水，应该是从量上来比较的，这句话告诉我们要有足够的知识储备，要有丰富的知识，这样才可能面对教学中学生可能提出的种种问题。"老汤"其实是妙招，是能突出自己特色的招数，让学生可以迷恋你的课堂的招数。这个时候，可能很多人会说，老汤越熬制，味道越浓，每道菜都用同样的老汤，那菜不都成一个味道了吗？这种味道早晚也会有吃腻烦的时候。这句话说得很有道理。回过头来说，教师要有一桶水，这是不够的，我们的这桶水还需要成为活水。"问渠那得清如许？为有源头活水来"说的就是这个道理。同样，我们的"老汤"也应该不断加入新的佐料，让"老汤"的味道更加鲜美，也只有这样，课堂才能充满活力、充满魅力。

那么我们该往自己的"老汤"中添加哪些佐料呢？我结合自己在阅读名师案例时获得的启发并联系自己的课堂教学，从以下几个方面谈谈自己的思考和认识。

首先，一堂好课的标准有哪些？

我国著名教育家叶澜教授认为，一堂好课应遵循"五实"评价标准，具体如下：

1. 扎实。"一节好课应该是一节有意义的课。"对学生学习来讲，叶澜教授认为有三级意义：初级意义——学到东西；中级意义——锻炼了能力；高级意义——有良好的、积极的情感体验，产生进一步学习的强烈需求。

2. 充实。"一节好课应该是有效率的课。"有效率表现在两个方面：一是从面上而言，一节课下来，对全班学生的学习是有效的；二是效率的高低，有的高一些，有的低一些……整堂课大家有事干，通过教师的教学，学生发生了变化。有效率的课也就是充实的课，是有内容的课。

3. 丰实。"一节好课应该是有生成性的课。"一节课不完全会按照预设的过程进行下去，在课堂中也会有真情实感、智慧的交流，这个过程既有资源的生成，又有过程状态的生成，这样的课可以称为"丰实"的课。

4. 平实。"一节好课应该是常态下的课。"这样的课称为平实的课，不仅现在可以上，以后也可以上。……不管谁在听课，教师都要做到旁若无人，心中只有学生。

5. 真实。"一节好课应该是有待完善的课。"它不可能十全十美，它应该是真实的、不粉饰的、值得反思的、可以重建的课。只要是真实的，就是有缺憾的。

叶澜教授提出的"五实"评价标准为我们怎样上好一节课给出了完美的解答，为提高自身业务素质和教学能力、促进学生的主动发展、扎实推进课堂教学研究、贯彻落实新课程理念指明了方向。

以上是专家的定义，从我自身而言，说得更直白一些，一堂好课必须是学生喜欢的课。倘若课堂教学可以让学生如沐春风，倘若课堂教学可以令听课教师屏气凝神、神情专注，可以说这就是一堂好课。我想这样的课大家都听过，也都经历过。这时可能有人要反驳我，我们总不能把每一堂课都上成优质课吧。这是自然，我们虽不能把每堂课都上成优质课，但是最起码每一节课你总要有能够吸引学生，或者让自己感觉满意愉悦的地方吧。怎样设计课堂，让学科教学特色明显，让学生喜欢，让自己明白投入还是有效果的，我们从教学过程的开始环节说起。

备课，备什么？要知道备什么就必须先明确教什么。各科教师常说："学生连题目都读不懂，语文是怎么学的？找你们语文老师去。"这是同事之间相互打趣的话，但这也是不争的事实，题目读不懂自然就不会做题。所以从这个角度来说，学好语文还是非常有必要的。

其实我们所有学科的学习，最终都指向了语言的学习层面，而语文教学则更进一步。接下来，我们看看如何备课才能凸显自己的个性。

首先，敢于抛开教学参考书。

过去教师有"教参"而学生没有，现在学生也有了。教师讲的都是"教参"上的东西，学生听课还有什么意义呢？因此，备课读教材就得读出自己的理解来，读出"教参"理解之外的思考来；面对事情，面对问题，教师就应该有自己独特的理解和感悟，也只有这样，我们才可以更好地理解学生的理解，从而达成共识。

抛开教学参考书，我们应该拿起什么？自然是我们的教材，是我们同学生一起学习的文本。

其次，注重文本解读。

于永正老师常把自己当作孩子，因为童心未泯，所以备课时，他常常觉得自己是两个人，一个是"老师的我"，一个是"学生的我"。"老师的我"的任何一种想法，都会遭到"学生的我"的质疑；只有获得了"学生的我"的同意之后，才能写在备课本上，才能实施。于老师的做法带给我们的启示就是：备课读教材时，心里要总装着学生，应该多站在学生的角度思考问题。备课时可以多思考：学生可能会对哪个问题感兴趣。假如我是学生，这个问题我会怎样回答？我这样问，假如我是学生，我会怎样理解？等等。

另外，文本或者教材的解读也有方法。

第一，寻找矛盾点。下面我们来看看这首诗：

早发白帝城

朝辞白帝彩云间，千里江陵一日还。

两岸猿声啼不住，轻舟已过万重山。

这首诗读起来很容易，但真的要说起理解来，恐怕没有那么简单。仔细看这四句话，其中存在三重矛盾：一是没有那么快，却偏偏感觉到快得日行千里；二是没有那么安全，却偏偏觉得安全得不得了；三是明明诗人自己十分轻松，却偏偏要说舟非常"轻松"。如果我们可以紧紧抓住这些矛盾，进而追问下去，相信大家就能在文本的解读方面达到更加深入的层次。站在学生的角度来思考，我想在日常的教学中肯定也有学生提出过这样的问题，那么这样的问题倘若发现了又该如何去解决？在课堂教学中又应当如何面对？

让我们用还原法来看看能否找到问题的解决思路。还原什么？还原事情原本的真相，还原原本的状态。古人形容千里马跑得快用"日行千里"。小木船，能赶得上千里马吗？没有那么快，偏偏要说那么快，这不是"不真实"吗？这个矛盾要揪住不放。超越了客观的、饱含深厚情感的感觉，叫作审美的感觉，或者叫作艺术感觉。艺术感觉的特点就是不客观，与通常的感觉相比，它是发生了变异的。只有从变异了的感觉中，读者才能体验到作者的感情。正常的理性的感觉，对读者没有冲击力。如果李白将"日行千里"改为"日行几百里"，可能比较实事求是，但却不能有冲击力，不能让读者体会到强烈的感情。拘泥于客观的、理性的感觉，就不艺术了。所以，快是由心情决定的。思考是什么样的心情，是怎样的背景让作者有这样的心情，追问下去，我们对教材的理解和把握也就更加深入了。三峡难行，这里却说得这般容易，其实这更说明了李白归心似箭，其原因就在于李白是从流放途中归来，所以心情自然轻松无比，想到可以和家人团聚，自然也就心情轻松了。将感情直接说出来不是很讨巧，所以就变成轻舟了。

此外，如果仔细研究各科教材我们会发现，现在的教材在表述时都很简单，有时教材中可能只有一句核心句，或者只有一个知识点，对于核心句的诠释也很简单。那么这个时候，我们解读教材或者组织教学是不是也可以借鉴上面解读的方法呢？我们是否也应该回到生活中去，联系具体的生活中的问题或者现象，创设良好的学习情境，从而通过具体的实验、比较，促使学生学习发现矛盾，进而解决问题呢？李新荣老师上课时采用情境创设法，让学生在情境中转换身份并定义自己的角色，去学习历史知识，学生的兴致高涨，对于问题的思考也更加全面。

最后，我们来看看教学的实施有没有招数。生活中我们常常遇到这样的情况，碰到要讲公开课或者优质课时，大家纷纷支招，课堂效果非常好，但是回过头来却发现，自己一招儿都没有，仔细思考大家的招数，其实每一招儿都是实用的。我的做法是，这一招儿与我的风格相近我就用，合理采纳，转化为我自己的东西，讲课完成后再总结，最后吸收成为自己的。大家的招儿都很好用，这些招儿都指向同一个点：关注学生的活动设计。前面我们提到于永正老师心中装着学生，其实我们教学是一定有效果的，甚至自始至终讲的都是有效果的，这个毋庸置疑，但是站在学生学习的这一侧来看，学习上的成就显得尤为重要，甚至可以说，学习的生成决定了课堂的学习效果。

其实无论是备课还是上课，哪个过程都不是一成不变的，这就好像点蚊香，从外围点也行，从中心点似乎也是可以的。备课与教材的解读，上课与具体情境的创设，道理都是相同的。相信通过不断的阅读与实践，一定会让自己的"老汤"更加鲜美。

语文，可以教得更轻松些

相比于其他任课教师来说，我认为语文教师是最忙碌的，且不说作业批改、试卷讲评之类，单是备出一节稍微像样一点的语文课都颇费周折。思前想后，掉了若干头发，到头来也不一定有满意之作。每年的听评课若是进行问卷调查，估计最有心理压力和负担的就是语文教师了。再说，我们上课用的课件很少是可以从网站下载后直接使用的。

为什么语文老师很累？为什么语文课那么难设计？为什么我们的语文教学缺少从容？

语文课程有着独特的功能，也可以说是自己的优势：它不仅培养学生听说读写的技能，而且帮助学生建构精神世界。语文总是与形象、情感、灵气联系在一起，它的魅力也在于此。真正好的语文课，既要展示汉语言文字的魅力，也要展示人类精神的魅力。"现代社会，高科技的发展带来了科学至上的观念和思维方式，导致人们比较重视看得见的、功利性的目标，造成语文课程的'水土流失'，语文也就自然科学化，语文就不成其为语文了。"（方智范《语文教育与文学素养》）方教授的话点明了语文课程的独特之处，语文课不仅要让学生获得精神世界的洗礼，还要让其获得语言文字的浸润，并沉浸其中。语文课一定要有思想的教育和渗透，而思想的载体语言最不容忽视。关注语言的表达也就抓住了核心。

"优美的课文经过教师的消化和处理，应该达到一个目的：以教师之心揣摩作者之心，最终目的是要打动学生之心，引起他们的强烈共鸣。"（《从教学实践看整体感知》）从这句话思考：影响学生学习效果的因素有文本、作者、教师、学生自己，这四个因素之间联系的建立与打通就是影响教学效果的关键。

"语文老师的有些累是自找的。我们太迷信讲。其实，作家既然'用笔如舌'（朱自清语），那么学习者自该重视'赏笔入耳'。"（王君《文本特质》）一句话戳中了我们的软肋，抱着一种形式不放松，迷信自我，不敢于突破，最终会走到南墙跟前。教师要活用教材，灵活处理。

要想让自己的语文教学更加从容，需要从如下三个方面作出转变。

一、改变自己，变换角色，成为学习的引导者

使用部编版新教材得有新的教法。教师的角色转换很重要，要把自己变成学生学习的引导者，变成与学生共同学习的伙伴，变成教材的研究者。

二、读好教材，注重特质，成为文本的知音

成为文本的知音很不容易，因为担心对文章研究不透，所以我们会力求全面且深刻地解读教材，全面、深刻导致讲课时面面俱到，唯恐遗漏，所以很累。因为全面，所以在前人走过的路上来回徘徊，想出新意却很难突出重围，所以很累……上述情况，语文教师几乎都遇到过。如何依据文本特点，认真解读，求取特色呢？我很赞同王君老师和王荣生教授的观点：注重文本特点，注重文本特质。

王荣生教授在《语文科课程论基础》中以选文功能为主要判别依据，将选文分为定篇、例文、样本、用件。

定篇也就是文学文化的经典或者名家名篇。这样的作品超出学生生活经验，学生需要借助外力，这些外力包括易于理解感受的情境、权威的解读资料、教师的切身感受以及充分研究后的讲解。

例文即通过这篇课文的学习使学生形成新的阅读方法。

样本大体相当于"例子"，教学目的是学生通过自主阅读，发现问题、解

决问题、把握选文，进而养成阅读或写作同类诗文的能力。

用件主要是提供信息、介绍资料，有关知识短文、背景资料以及引出话题的文章，都属于用件之类。

三、揣摩学生，设计活动，成为学生的挚友

充分预设，设计学生活动。课堂的主体是学生，教学设计时，心中装着学生，时时刻刻为学生着想，这样的设计才能更贴近学生的实际，更易于让学生接受。揣摩学生可以从下面的角度展开：从学生现有的生活经验与知识积累入手。比如《小站》一课，慢车、小站、为人民服务这些内容离学生较远，可能很多学生没有坐过慢车，所以这里需要进行知识的普及。更重要的是，设计问题后，要先站在学生的角度去思考，他们的第一回答会是什么？倘若如此，我们应该怎样引导？倘若不是回答这一个方面，他们有可能会怎样回答？我们又该如何应对？充分准备就是对学生最好的尊重。

年轻教师对待学生的回答往往预设不够，一旦学生的回答就是正确的答案，自己便手足无措，生硬地评价一句，让学生记录下来也就完事了。这样做自然无可厚非，但是这样做的结果就是忽略了对学生思维能力的培养，放弃了引导学生进行深入思考的机会，忽视了知识的生成过程。我们需要走一步，再走一步。除却思考再深一步而言，我认为创设必要的情境也是非常必要的。《小站》中有一处环境描写，写得很精彩，但处理起来却不容易。教学设计时能不能创设情境？让学生想象一下，自己蜷在硬座上已经足足有几个小时了，身体无法舒展，车厢中的空气又是那样污浊，真是煎熬呀。终于到了站，冲出车门，你的眼前忽然出现一树美丽的桃花，你的心情如何？这样的情境创设会让学生更好地体会环境描写对于心情的烘托作用。

语文教学真的需要轻松一些。

练技·求术·悟道

每次考试临近或结束，想到学生出成绩或看到学生的成绩后，总免不了分析、跟人交流。我们也常常这样说："反正该讲的都讲了，学生能不能掌握我们实在说了不算，反正我们总不能逼他们，就是逼迫也无法了解他们真正的掌握情况。"这些话，我也一次次地在心底唠叨，用来安慰自己，但是仔细思考又觉得这些话很没有道理。

打个比方，过年准备一桌佳肴，很是费心，劳累自然不必说，最后希望看到每个盘子都空空的，因为那样才有满足感。倘若事情恰恰不如你所愿，按照上面的推理，可以这样说："我准备了，吃不吃饱、吃不吃好是客人的事，反正我是做了，你不吃我也没有办法。"这样思考似乎很有道理，并且合乎情理。冷静下来思考，试问：客人是不是来这里做客就是抱着吃不饱、吃不好的心态来的？是不是你做菜之前就是抱着我只要是做了，吃好或吃不好与我无关的心态呢？我想，答案肯定是否定的。既然都是积极的心态，为何会出现不同的结果呢？答案其实就在我们自己这里。要么没有用心做，要么没有做出特色，要么你不了解来的客人的口味。一句话，还得从自己这里找原因。由此而言，学生能不能学会，能不能学好，与教师的关系颇大。

我们先看一段关于从"技"到"术"再到"道"的表述。

技，乃微观研究，即对课堂教学技巧的磨炼，耽于一招一式，最终磨出一手绝活儿。随着教育观念的转变、教材体系的更新、教育对象的变化，"技"越来越暴露出其局限性。或者说，"技"的量的积累，其最终结果可能还只是量的增加。打个不恰当的比方，修鞋匠可能是越老技艺越精熟，但随着年龄的增长，他的体力不支了，眼神不济了，终于修鞋匠也当不成了。当他还在盛年的时候，没有思考如何把自己的技能提升一个层次，或把个体作坊"扩大再生产"。究其原因，他只关注所修补的鞋的特点，他把自己的责任或追求定位在修好所有的鞋，尤其是那些同行修不了的鞋，并且盼望所有需要修补的鞋都由他来修。

术，乃中观研究，不满足于技的细碎、凌乱，将这些提升为相对局限的说法，但不离于做法的层面。仍以修鞋为喻，若真练出如此精熟的技艺，不思在术上进取，那才叫遗憾呢！所谓"术"，对修鞋匠而言就是不局限在技艺的层面，还要研究"鞋理"；不只考虑为什么要这样修补，更要探究鞋为什么这么做而不那么做，到底怎么做更合脚，更适合行走。对教师而言，就是不仅研究教材、教学方法，还要研究学生，研究学科的教育教学规律，并在教学实践中不断创造适合不同教育对象的独特方法，适时选增活生生的教学材料，不断自觉地将教学实践经验向理论的高度提升。

总之，教师术的境界，已趋于在教学意识、教学思想上的探索，且教学技艺的量的积累有相当部分产生了质的飞跃，但更多的还是个体的作坊似的个案研究，还缺乏高远的目标，还应该上升到对一般性规律的探索上。或者说，已经从森林中走出，对森林中的草木都有了相当精确的认知，也知道森林在山中，却还停留在对山的仰视，"只缘身在此山中"，故尚不能窥知山的全貌。

道，乃宏观之旨归，是以探寻学科的规律为目标的归纳、概括，是确立说法的过程。道的境界，我以为应该从本学科的教育教学实践出发，在充分研究教育教学对象——学生的基础上，通过对个别教育对象学习规律的探索，概括出适合全体教育对象的一般性规律，并致力于发扬光大，让更多的教师在教育教学上少走弯路，让教育面向全体学生，使因材施教得以落实。

道的境界不满足于精熟的教学技巧，也不停留在"进乎技艺"的术的层次上，有胆量走出"庐山"，以更广阔的视野看本学科的教育教学，从"入乎其内"，到"超乎其外"，既能"写之"又能"观之"。或者说，对道的追求，目的就在于把技、术的经验积累上升到理性认识的高度。

这种境界，已经在"庐山"之外看"庐山"，并把"山外看山"作为"看山"的一般规律，"出乎其外，故能观之"了。这种境界，已经可以对山鸟瞰俯视，山的全貌尽收眼底，了然心中，但并非"一览众山小"，而是越发尊重每一座山，不管高低大小。

从以上文字来看，我觉得自己还始终处在技的层面，回想对于许多课文的处理，当时是满意的，但后来反观沉思才发现自己只是那个补鞋的匠人罢了。2014年参加远程研修培训团队，设计《记承天寺夜游》一课，总觉得在大家的帮助下讲得还可以，直到近来又观看余映潮老师的同一课的课堂实录，再去看自己的授课录像，方知自己的不足之处。

下面将我跟余老师的设计作一个比较。

我的导入：

大家知道昨天晚上的月亮什么样吗？（投影）月亮美吗？（不美），或许是近些天来的雾霾，给月亮蒙上了一层纱，然而在930年前的承天寺，苏轼与大家不同的是，他遇到了一轮明月，正是那轮明月带给了苏轼不同寻常的夜晚，也成就了千古美文《记承天寺夜游》。（教师板书课题、作者）

读题目？有什么问题要问吗？（学生提出自己的问题）

（学生可能提出的问题：苏轼为什么要在夜里去游承天寺？他在承天寺都看到了什么美景？承天寺夜里的景色很美吗？）

师：大家看到题目就提出了直观的问题，主要是苏轼为什么记承天寺夜游？让我们走进作品，诵读、玩味，解解这个迷。

余老师的导入：

同学们，我们先把课文读一遍。

余老师一句话，既是导入，又是有效的开始（开门见山），直入课堂教学情境，没有刻意铺垫和复杂的导入。

朗读：删掉标点，尝试自己朗读，师生共同校正；译读：质疑问难，读懂句子；品读：围绕主问题，反复朗读体味句子中的复杂情感；有味地朗读：读出一点文言文的味道，读出一点宁静的氛围，读出一点夜游的兴致，读出一点复杂的情愫。

　　有味地分析、有味地赏析，余老师的设计看似漫不经心，实则更有层次。精心的设计体现了教学的有效形式。

　　听余老师的课你会觉得如品茗茶，余香留齿，久而不去，越是品咂，越是回味无穷，简单却又深刻。我自己的设计虽也有匠心，但却没有味道。若余老师的课是茶，那我的课更像是一杯白开水。透过这个课例，可以看到高效的课堂必须要在教学的细节设计上做文章，要挑选、运用最好的教学方法和形式，剔除、淘汰差的教学方法和形式。那么，有效的教学细节指什么？从学生的层面来看，是指知识学习与能力训练的实践活动中丰富而扎实的细节；从教师的层面来看，是指充分利用教材，把课堂时间大量用在学生的实践活动上的细节。

　　对于教师而言，教师必须具有研读教材的能力，能够高质量地提炼、整合、利用教材，形成扎实的课堂教学方案。而设计学生活动的技能、设计有效的教学细节的技能则更加必要。生动、丰富、操作性强的精细化教学细节更能让学生在活动中学习、思考、获取、提升。

　　总而言之，有效的教学细节应该让学生的活动简单化，也就是操作更简单，例如余老师提出的"读"。同时，还应该让学生活动的设计更容易理解，例如，余老师要求读书要"读出一点文言文的味道，读出一点宁静的氛围，读出一点夜游的兴致，读出一点复杂的情愫"，学生容易理解，没有畏难的情绪，也就自然乐于参与其中了。

被阅读的蓬勃的生命

  我怎么也没有想到我会成为一个乐于在深夜、孤灯中读书的人。
  春寒料峭的夜晚独自捧读,繁星弥漫的夏夜自在徜徉,红叶浸染的金秋与书为伴,冰雪晶亮的日子醉卧书卷,我走进阅读的世界,醉心其间。
  初为人师的日子,总也自得,总也陶醉。刚刚离开了每日必读的课本,却怎么也不想再去捧读。那些日子,课堂上总是夸夸其谈,总是扬扬自得,总是为自己的"渊博"而自豪,总是毫无忌惮地在学生面前表演。清晰地记得那次讲《白杨礼赞》,一名新来的学生直言我把"驰骋"读错了,站在讲台上的我当时真的有些架不住,回去后翻查了字典才知道我真的读错了。当学生们提出一个又一个问题,直到自己真的无言时,我又坐在了宿舍的白炽灯下,品尝着阅读带给我的欣悦的同时,不再浅尝辄止,而是感悟求真的意义。在书中漫步,我看到了世界的繁芜,初识了人生百味。
  如果说初期的广泛阅读是我读书的第一个阶段,那么参加工作后的第五年则是我读书另一阶段的新起点。记得在一次听课活动之后,王化兰主任曾鼓励我多读一些语文教育教学方面的专业理论书籍,可以为自己的教学补充更多的专业"营养",这样才能在语文教学的路上越走越远。之后,《语文教学参考》《中学语文教学》《语文教学通讯》等各类专业图书与期刊,开阔了我的视野,也为我指明了教学中努力的方向。这种有选择的阅读,这种为提高能力水平而有针对性的阅读,正是我的为己而读。
  而今已近不惑之年,在度过了事业最难行进的阶段后,我慢慢地喜欢上了在家的感觉。孩子、妻子与自己相伴，每天柴米油盐，日子总也平凡。夜深时候我还是衷心于静坐在书桌前。打开灯，翻开心仪已久的著作，大师们的秘籍就在温热的灯光下被我窥探，我在思想的灵动中悟出不可言传的韵律。我知道，时间在思索中慢慢延展。与近代名家、先哲对话，在品读中体悟那悄无声息的思想渗透，我知道我与他们还相距甚远。夜深人静，独坐桌前，笔尖流泻下萌动的思考和渴盼，心中迸发的是真实的思想瞬间。

回顾自己事业的进步和发展，我不得不更加与阅读相依相伴。有时总觉得自己是一个蛹，在捆缚中挣扎着向前，每一次在迷茫中求索，每一回在苦恼中钻探，每一次在彷徨中试验，我总要在阅读中取得实在的历练。每一次阅读我都被启发和征服，我都积蓄着破茧而出的力量，一点点地积攒，一点点地蓬勃和升腾。

阅读是一种修行，修行往往是孤独的，而孤独却总能让人倍生智慧。唯愿继续伴随时空的灯盏，让阅读蓬勃自身，将生命的光彩慢慢地浸染时空的画卷。

敢于·甘于

寒假有幸读到了李镇西老师的书，是一本极好的书。

前些年在江苏海门有幸听到一场李镇西老师的报告，那是海门新教育实验的开放周活动。在一个破落的礼堂，挤满了前来"朝圣"的各方教师。看到李镇西老师晒出的照片、书信、记分册等令人震撼不已的物件时，心里满是激动，那是一种真实的激动，且不仅仅是一时的激动。

读《给教师的36条建议》，如沐春风。

李镇西老师说要敢于做最好的教师。什么样的教师才是最好的教师呢？在李镇西老师看来，"最好"就是"更好"，虽然这个"最好"永远达不到，但一个一个的"更好"，便汇成了一个人一生的"最好"。因此，李镇西老师说："我所谓的'做最好的教师'，不是与我所敬仰的于漪、钱梦龙、魏书生等老师相比……但我可以和自己比呀！也就是用今天的李镇西与昨天的李镇西相比——我今天备课是不是比昨天更认真？我今天讲课是不是比昨天更精彩？我今天找学生谈心是不是态度比昨天更诚恳？我今天处理突发事件是不是比昨天更机智？"他说："每天都不是最好，甚至每天都有遗憾，但每天都这样自己和自己比，坚持不懈，我便不断地向'最好的教师'的境界靠拢。"强调自己和自己比——昨天的自己和今天的自己比，不断地超越自己，便意味着要尽可能地在自己的教育教学中达到力所能及的最好程度。

那怎样算是"敢于"？还是那次活动，李镇西老师在会上发出邀请，每一位有志向的教师都可以成为李镇西研究会的会员，但必须自己培养自己，我们先来看看下面的这些要求：

（1）每天读博文一篇。

（2）每天上好一节课。

（3）每天与一名学生谈心。

（4）每周参加一次网络研讨。

（5）每周写一篇教育教学随笔。

（6）每学期批注一部教育专著。

（7）每学年在"呱呱社区"举办一次个人讲座。

（8）每学年参加一次"李镇西式教师"评选大会。

这八项，这八个一，能做到吗？我决定试一试，结果可想，不足一月便败下阵来。自己被自己打败，自己被自己说服，摆出种种理由，又加上种种琐事，还因为孩子的袭扰，这种坚持也就不了了之。细想一下，尝试了，也努力了，为何会这样？"敢于"就是结果。

在"敢于"这个词中，我们应该将"敢"解释为"富于勇气"之意。听李镇西老师的报告，读李镇西老师的专著，进而去模仿他的行为，充其量也就是自己一时的意气，确实算不上勇气。所以说，要想如李镇西老师一样成为名师，还真得"富于勇气"才行。可能有的教师要反驳我，我并不追求优秀，我只想平平淡淡，那么可以用书中的话来回答："优秀，不是说你一定要出人头地，名扬四海，而是你要让自己每一天的工作乃至你的人生更有成就感、更加有滋味。优秀，不是对外，不是你要做给别人看，而是你要对得起你自己，是对内，对自己的心灵世界。"因此，工作中，更重要的是要战胜自己。

掩卷思索，回顾自己十几年的教学经历，我觉得我们不仅要敢于还要甘于。甘，指甜，味道好；也有自愿、乐意的意思。在《给教师的36条建议》中，李镇西老师对学生进行真实的教育，他说："我们要让学生心中燃烧着向往真善美的理想之火，进而产生一种真诚的责任感：让这个世界因我的存在而更加美好！那么这种理想之火，这种责任感从何而来？其实，这些就源自师生的日常生活。"

　　为七班取班名，最终选定"介恒"作为班级的名称。介，中正恒定之意，我希望我的学生可以中正做人；恒，寄语恒心做事。报告中，多位教师谈到要赏识学生，促进学生进步，这是学生学习生活转变的关键。我要说，做教师，并且甘心于此，重要的就是学生对自己的认同和赞许。期末考试前，因为我家里的小家伙住院，请假两天。两天后我来得很早，拐进校门口，我习惯性地往楼上一瞥，没看到人影，但我却清晰地听到有人压低嗓门说了一句"老丁来了"。那声音很熟悉，是孟祥霖的声音。当我放下背包进入班级时，本想呵斥一声，但进门一看，班里的学生竟没人看书，全都齐刷刷地抬头看着我，那眼睛虽然不会说话，但我已经明白了。晚上，有家长发信息问我没有到校的原因，再后来，跟几位家委会成员交流时，他们告诉我，在家里孩子都称我为"老丁"。现在回看孟祥霖，或许他在吆喝那一嗓子的时候会有些逞能的意味在其中，但这并没有多大的过错，我倒宁愿相信这话中有对我的期盼，这话中有见到我的欣喜。试想倘若当时进入班级训斥一顿，那该是何等难堪。"老丁"这个称谓，在我看来应该就算是认同了，他们在我短暂离开后的等待与期盼，应该就是我甘心付出最大努力的最好理由。

　　读完这本书，感觉自己在教育的路上才刚起步，但我也坚信，只要保持对教育的虔诚，只要敢于做最好的教师，甘于付出最大的努力，我一定会越走越好，越走越远。

作业如此改变

静态的书本作业，常使学生脱离生活实际，削弱了学生解决实际问题的能力，泯灭了学生的学习热情，甚至严重影响了学生的身心健康。作业实践化、学习活动化、实践化，使学生的知与行互促发展。重运用、重观察、重探究的实践化作业，不仅减轻了学生负担，也极大地提高了学生的学习兴趣。

教育即生活，生活即教育。对学生而言，他们的生活外延几近等同于学校生活和课堂学习生活。为了让学生的课堂学习活动化、让课外活动课程化、让闲暇活动教育化，减少知识性作业的数量，优化作业结构，改进作业的设计，把实践作业当成课程来研发，就成了我们课程研发和探究的方向。

我们着力构建以"1+X"为主的作业新实践。

在各学科实践作业整合过程中，我们充分考虑到了语文学科在整合中的核心地位。无论是哪种形式，无论哪一门学科的实践作业，都优先考虑与语文学科的联系与整合，语文学科是"1"，其余学科是"X"。

一、巧融合，突出学科整合

设计作业时，整合各学科资源，体现多种知识、方法与能力的综合运用，增强探索性，注重思考性，着眼于培养学生综合运用知识、解决实际问题的能力。有机整合各学科资源后的实践作业，提高了学生的学习兴趣，加强了各学科之间的横向联系，使学生在活动中的发展也更加深入。和庄是莱芜战役战场之一，而且从淄博青石关到莱芜口镇吐丝口一线，沿路民风淳朴，古迹众多，从历史文化资源的角度出发，我们将鲁教版八年级语文第一单元综合性学习"到民间采风去"与历史学科中解放战争一章作业相结合，确立了"重走红色之旅"实践作业。学生们通过调查走访、实地考察、辩论等实践活动，完成了以"民间采风"为主题的作文写作；得出了国民党七十七师行军是从博山出发，经山头—八陡—东石马—石马—车辐—普通一线进入莱芜的结论，推翻了国民党军从青石关进入莱芜的说法。

二、巧设计，突出实践特色

学科作业设计要以学生的现实生活和社会实践为基础发掘资源，充分考虑本地可以利用的资源，而非在各学科知识逻辑序列中构建题目，简单地进行机械性的训练。能够让学生真正"动手做""实地察""多实验""重探究"的作业才是成功的，能够让学生真正去经历、去探究的作业才是合理的。在生物、物理、化学学科的作业设计中，强调了提高观察能力、丰富生活积累的观察性作业，强调了深化知识理解、激发探究意识的操作性作业，强调了引导关注现实、培养合作精神的调查性作业。2012 年，山东省第四届初中生创新实验大赛，本校四名学生在化学、生物两科创新实验中获得一等奖。实验中所用到的材料，如金鱼藻、啤酒、暖足贴正是日常生活中常见的事物。同学们利用金鱼藻和啤酒作为材料，验证二氧化碳在光合作用中的作用；学生们使用暖足贴里的材料设计实验，测定空气中氧气的成分比值。这些实验取材巧妙，无污染，简单易行，是学生将生活中常见的事物与所学知识结合运用的结果。乐于作业、乐于探究，巩固、深化、运用相关知识，提升自身能力，这正是我们所追求的。

三、巧布置，丰富假日生活

学校选择在双休日布置实践性作业。给学生布置一些充实且富有趣味的作业，让学生在完成作业的过程中，以轻松、愉快的心情对待作业，不会把它当成一种负担，而是当成一件乐事、一种满足，使学生乐于做作业、乐于探究，从而巩固、深化、运用相关知识，提升自身能力。让作业生活化，让实践作业更加贴近学生生活实际，与家庭生活、工农业生产等有关的一些日常知识、现象联系起来，这样，学生不但乐于完成作业，而且学习兴趣浓厚，思维更加活跃，实践能力也能得到大大增强。

学校搭建展示平台，重视评价激励。可以利用教室的墙壁，展示学生制作的手抄报；利用校门口的宣传栏，展示学生制作的海报；安排专题交流会、展示会等，展示学生的小论文、研究成果等。

语文学习并不难

学习语文的过程与道家的"道法自然"相似。兴趣是最好的老师,所以一定要对语文抱以极大的热情。没错,当你喜欢上一门课,无论它在别人眼里是多么无趣,你都愿意花费时间和精力去了解它、学习它。语文就有这样的魅力。具体而言,我认为语文学习中应做到"三不"。

字词学习不放过。字的音、形、义要一起整理,平时要注意遇到不会的字一定要查字典,一个也不要放过。遇到生僻的字,也别心存侥幸,多查字典,尽量多积累。

基础识记不懒惰。字词、诗词、成语、熟语、警句这些不是一次就能记住的,需要多次重复。课前课后两三分钟,边记边写,多写几次,印象会加深。如果课后有时间,同学间互相听写查缺补漏也很有用。

读书之事不做作。读书若事先怀揣太多功利之心,便不会有好的心境。可以在唐诗宋词中牵住风花雪月的纤手,可以在大家名著中品味岁月沉淀下的醇香,可以在杂志阅读中寻回渐行渐远的故事。读不同的书,领略不同的世界,它会让你的内心充实又辽远。

语文学习应该养成一种习惯,即积累与运用的习惯。

有方向感的感觉真好

在北京三天，与真语文接触三天。见到了一位令人惊异的老人；一天半，先后备完两课时，说课，研讨修改教案八遍；一个半小时，进行三次演课，时而被打断，现场到处都是"使坏的学生"，考验自己的现场应变能力。有点疯狂的三天，经历了思想的革新，用一句话形容：语文，如今又只如初见。

一个人其实就是一种资源。王旭明，他没有自我介绍，我也没有过多询问，但从年龄上判断，他应该在50岁上下，浓密且有型的头发给我留下了深刻印象。第一天上午，听他的报告，只记住了12个字：依课标、持教材、重学情、可检测。下午，中学组和小学组分开、分组讨论时，我才渐渐看"清"了他的"真面目"：他一个仅仅从教8年的人，居然可以轻松应对统编教材，读两三遍就能把握要义；虽已年老，却以饱满的精力游走在小学组和中学组之间。他对于《孙权劝学》《紫藤萝瀑布》两篇文章的解读，让我这个自认为"还可以"的人自惭形秽。真语文力求双线统一，把人文主题线和语文知识素养线贯穿教学始终，这样的话语让我无法忘却，记在心间。最揪心的就是他在听我说完设计意图后，竟能一针见血地指出我的弱点："你心里装了太多东西，课堂太能说了。"

上网查了一下才知：他曾做过教育部新闻发言人、办公厅副主任、新闻办公室主任，语文出版社社长，经常在发布新闻之后成为新闻热点人物。这些他完全没有提及。

真语文的神秘感又来了。

一、从课时讨论起来

王：丁老师，您设计得很好，您觉得这篇短文一节课可以上完吗？说句实话。

丁：差不多吧。但可能节奏要快。

王：学生能够完全理解并准确地掌握吗？

丁：不能。

王：那好，你说一说你的第一课时应该怎样上？

思考：为什么要说第一课时？我们的公开课、比赛课哪有两课时的？就连《送东阳马生序》我都能上完，就更别说这个了。心中愤然的时候，再想想，其实平常我们好像上的就是两课时。第一个问题解决了。

王：丁老师，你就设计一下第一课时吧。

思考：第一课时还需要设计？不就是让学生读一读，结合课文的注解理解内容，大致翻译一下吗？（我当时真的有些轻视第一课时，总感觉第二课时才是能展现我个人素质的最佳课堂。他似乎看出了我的心思。）

王：丁老师，你怎样理解持教材？你要教什么？假如你来上第一课时，你都教什么？你的第一个环节是什么？

丁：第一个环节肯定是导入呀。

王：那导入之后呢？

丁：之后就是引导学生读课文呀。

王：看到了吗？你的问题就出在这里，你就没有持教材，也没有重学情。

思考：持是什么意思？重学情又该如何解释？

答案：持就是依据的意思，持教材就是充分地研究教材，不仅要认真地解读好文章，还要在做好文章解读的前提下认真研究文章前面的预习提示还有课后练习题。预习要求的内容，必须在课前进行必要的检测，因为这是教师了解学情的关键点，只有从学情出发所进行的教学才是有针对性的教学，所以教学的第一个环节是自学检测或者预习检测。

再说预习的重要性。预习，我们都做，但教师却很少检查，所以学生往往忽视预习，不重视预习。一个不预习的学生就无法真正地开展学习。即使教师通过简单的、必要的手法一下子将学生推得很高，学生被动接受的知识也是飘在空中的，随时可以飘走。所以必须从预习情况的反馈开始教学，每节课的预习检测时间应该控制在 5～10 分钟。经过这样的训练，逐渐地，学生就会知道需要把文章读一下，把大概内容了解一下，主动思考，形成自己的判断，为新课的学习打下坚实的基础。

教师预习检测从哪里着手提问，预习的标准是什么，这在统编版教材的预习提示中有明确的要求。同时，教师可以从这些方面着手提问：注意提问的问题最好是全局性的，而不是单个字词，这样有利于培养学生形成整体意识，促进学生对文章结构的理解。遵循从整体到局部的原则进行学习探究，具体来说就是，先整体看这篇文章，然后聚焦文章的特色之处，再具体深入某一句话或者某一个词深入品析和体会。

课后练习是教学内容的指挥棒。新教材培训的时候，教材的编写专家曾经提醒，要认真研读课后练习，因为其中蕴含着提高语文知识素养的要素，并且从前到后，练习具有逻辑性，先处理哪一个，第一课时处理哪一个，处理到什么程度，这里都有明确的要求。其中，对于人文线的体现也尤为明显，将文本中的人文因素与传统文化相结合就体现在课后练习的最后一道题中。

二、从学情出发，真正从学生现有的水平出发组织教学

学情，就是学生现有的情况。倘若学生没有作任何预习，我们要做的就是在新课开始之前留出 5～10 分钟让学生熟悉文本，这样才有利于后面教学的开展。学生如果没有完成第一课时的预习，需要补一下，绝对不能为了自己的进度，为了自己已经预设好的精彩环节而跳过这个环节。如果学生现有的水平与我们的预想有较大的差距，就不能照搬我们的教案，哪怕降低难度完成也是可以的，学生的学永远是第一位的。

学情，还体现在不盲目地拓展和延伸。依据学情，我们只要可以完成课后练习的必要内容就算是完成了必要的教学任务，没有条件进行延伸的，就

没有必要延伸下去了。

三、语文课，必须让学生抓住点东西（语文的东西）

自从新课程改革以来，语文课堂精彩纷呈，对文本的解读也是多角度、多层面的。听过许多公开课、名师课，专家提供各种不同风格的课型，教师，特别是一线教师听到这样的课，开始时很是惊叹于大师专家们解读之巧妙、解读角度之独特，引导学生朗读、引导学生写作的成效显著，但真正回到自己的语文教学中来，能模仿一二的很少，照搬就更不可能了。

教师教什么不明确，自己心中没谱，那学生听课学习岂不更是苦差事一件？到头来，听到几个名词：铺垫、伏笔等等。这些词语也仅仅是在考试答题时才匆匆涌上心头来。说实话，是因为语文教师讲得太多、太杂，没有明确一课一要点，所以才会出现这样的情况。因此，语文教师必须明白，要明确自己这节课的授课重心在哪里。

《那一天的盼望》讲什么？依据课后练习及文本单元提示，应该把感情的表达方式作为讲述的重点。这一课又重在通过不同形式的心理描写表现人物的心理状态，从而传达人物的感情。所以，这就是讲述的要点，即如何通过动作描写来表现人物心理，进而表达情感。学生学会了这些，也就抓住了语文学习的要点。抓住了，学会了，再读书就会注意，再体会就明白如何运用，写作文时，必要的语文表达能力也就养成了。

当我们把若干的要点从每一篇课文中抽取出来时，你就会惊喜地发现，他们就是中考的要点。

四、你有一桶水，别着急一股脑倒出来

倘若学情很差，是不是我们认真准备、仔细思考的过程和方法就都没有意义了呢？非也。

首先，我们必须有一桶水，哪怕学生只需要一滴。因为你不知道学生到底需要哪一滴以及什么时候需要，如果只有一滴，你就没有选择的余地了。

基于这一点，在讲课的过程中，教师的目标意识一定要强，绝不能为了满足个别学生而置绝大多数学生于不顾。不能只讲自己喜欢讲的，只分析自己喜欢分析的，与其把水倒出来炫耀，不如让每一滴水慢慢渗透。

文言文教学浅见

文言文一直以来都是让我们语文教师感到矛盾的一种体裁，之所以这样说，是因为我们的文言文教学虽然很重要，但是我们往往用固定模式来教学，从而导致了学生学习兴趣降低，甚至在学生中出现了厌学文言文的现象。如果我们在文言文的教学中不遵规守矩、不一板一眼地教学，学生倒是轰轰烈烈地学习了文言文，但是收获却寥寥。就文言文的教学设计，我想说一说自己的一些看法。

第一，文言文教学特别需要朗读和背诵。古人学习文言文并没有好的学习方法，摇头晃脑地朗读对文言文的理解有较大的帮助，所以我们总结出了"书读百遍，其义自见"的说法。我们的教学也是同样，如果没有充分的朗读作基础，我们的教学设计无论多么精彩都很难有效实现。基于这一点，我们在日常教学中应该怎样做？我在自己的教学中尝试着在学期开始就让学生背诵文言文，给他们限定时间，进行文言文背诵比赛；对于篇目较长的文言文，尝试让学生有选择地背诵。当然，我会对学生的背诵过程进行追踪和调查，对于那些"偷懒者"，就推荐更长些的让他们背诵。有了背诵作基础，当他们在学习这些篇目的时候，就会感觉轻松许多。

第二，教学设计必须明确教学目标。我们的每一堂课都需要有一个目标来指导我们的教学。文言文教学中，目标最好明确一些、可行一些，不必过多。当然，我们必须从学生自身的实际情况出发来制定目标。目标可以简单地设为读熟、读懂等，只要这个目标是适合学情的就可以。

第三，教学设计中必须注意教学活动情境的创设。文言文教学很枯燥，我们长久以来也总是围绕字词句进行教学。字字句句的落实并没有错，但是久而久之，学生便没有了主动性，没有了参与的兴趣。究其原因，是我们在教学过程中采用的形式过于单一。合理地运用比较、想象、联想等形式来组织教学，用具体的活动情境来吸引学生很有必要。

第四，教学设计中要充分挖掘文言文本身所具有的文化内涵。文言文凝练的语言中含蓄着丰厚的意蕴。先莫说文字，就是作者也有那么多令人着迷的故事，他们坎坷的经历化作的美词妙语，他们的思想瞬间凝成的千古俊句，都可以引入相关的文言文教学当中来，将这些进行有机的结合，让文言文的课堂丰厚起来。

调一调视角，轻松走进大师作品

初中阶段，鲁迅先生的作品被选入语文课本的，从体裁上来划分大致可以分为散文、小说、杂文。如果让大家列举教学中难以处理的篇目，或许大家都会露出苦涩的笑。确实，鲁迅先生的作品太有特点了。下面我结合教学，说说自己的体会。

一、深文浅教

深文多指那些寓意较为深刻的篇目。我自己在教《雪》这一课时，很久都理不出思路来，感觉处理起来很棘手。怎样处理才可以让学生明白作者的情感态度？在整体感知之后，我让学生谈自己的感受。很多学生认为作者对于南方雪的感情是批判性的，文章写南方的雪完全是为了突出后文中自己对北方雪的喜爱。学生的这种认识是错误的，我们在文章后面的辅助材料中可以看出来。出现这种情况的原因很简单，因为文章写在特定的背景之下。即使我们为学生提供相关的背景资料，我相信学生也很难理解，因为他们与鲁迅先生所处的年代距离太远了。因此，我对教学设计作了修改。学生们对鲁迅先生的理解不够，不熟悉那段背景，不了解那段经历，但是学生们一定了解北方的雪，他们也一定想知道南方的雪。鉴于此，我们能不能把文章当作一篇简单的写景散文来教，遇到合适的机会再将文章的深意提示给学生，让他们结合资料来加深自己的理解呢？后来的教学效果验证了我的想法是正确的。

二、淡化思想

《孔乙己》《从百草园到三味书屋》等有很鲜明的主题思想，我们在进行教学设计的时候，很容易被这些东西限制住。无论是对一句话还是一段文字的研读、揣摩，在教学的过程中，如果学生的理解有偏差，我们就会很快地把他们拉回来；或者我们在教学中过于重视挖掘作品的思想意义，从而导致学生被迫从自己手头的资料中找出相关的文字念给大家听，这样的结局被我们教师满意地接受了。假设我们大胆地舍弃这些重视学生的兴趣点、重视作品语言的品味等，我们教学设计的枷锁就会少许多。

三、换位思考，重视情趣

谁说鲁迅先生的作品完全是板起面孔说话的？在鲁迅先生的作品中，有很多也是学生喜欢的。我曾经在学生中进行过一次小范围的调查，他们对《从百草园到三味书屋》《社戏》《故乡》都有较高的关注度。所以我觉得我们在进行教学设计的时候，应该更多地站在学生的角度去审视作品，把自己当作一名学生，思考一下，学生们会对文章中的哪些情景、哪些人物、哪些语言感兴趣，他们为什么会喜欢这些方面，教师在理解和处理教材的时候关注了哪些方面，为什么会产生这样的差别，我们能不能将学生关注的与自己关注的进行有机的结合呢……另外，我觉得我们在处理教材的时候应该怀揣一颗童心，应当善于从文章中找寻情趣点。找到了这些之后，可以开展一些相应的活动，例如模仿、情景体验、分角色朗读等都可能对我们的教学产生巨大的影响。

四、重视语言

我们进行语文教学时，要重视语言层面的教学。鲁迅先生的作品，语言风格独特，不同的体裁有不同的特点。当然，初中阶段语文教学对于语言特点的分析要求仅仅是浅层面的，我们没有必要对文章的语言特点过多地加以分析，我们需要做的是引领学生去揣摩在具体的语言环境中他们喜欢的地方。精彩的对话，领着学生读一读，让学生想一想自己会怎样写这一段；精准的用词，让学生调一调、换一换、演一演；含义深刻的句子，让学生背一背，结合自己的体验辩一辩、仿一仿，找找自己与别人的差距。

名著阅读现状堪忧

自从新课程改革实施来,语文教材有了阅读名著的要求。但在教学过程中,名著阅读真的落到实处的很少。下面粗略地说说我自己的一些想法。

思考的问题列举如下:

学生对于名著阅读的兴趣来自哪里?

名著阅读在日常教学中是否有时间保障?

名著阅读的过程监测怎样进行?

名著阅读课的有效模式是什么?

名著阅读作品是不是可以进行系列研究?

名著阅读被选入教材是不是就一定适合学生?

虽然这些年我一直从事语文教学,但对于名著阅读教学我感觉有些力不从心。我向学生发放了调查问卷,调查的主要内容是对于初中阶段所有要求阅读的名著的完成度,自己喜欢的与不喜欢的名著以及相关建议。统计结果显示,学生的完成度仅在80%,《名人传》位列学生不喜欢的名著之首。在学生提出的建议中,我看到了许多令人深思的话语:"老师,我实在没有兴趣,即使您组织很多活动,我认为对我而言还是作用不大。"

名著阅读教学到底该怎样做呢?首先,我觉得在学校要有好的氛围。想一下,有多少学生会在课余时间阅读名著或者进行相关的阅读?这与校园读书氛围不浓厚有很大的关系。当然,我们语文教师可以想方设法地去营造读书的氛围。读书也好,看报也好,总之我们要想方设法地"收复失地"。其次，充分利用综合性学习提高学生阅读兴趣。在综合性学习开展过程中，学生要通过各种途径来开展学习，利用自己手头的各种资料来丰富自己的知识，采取有效的形式展示自己的学习效果。学生对于名著阅读有了自己的阅读体验和感知之后，我们教师就可以适时地利用教材，培养学生主动地去开展综合性学习。我在班内开展了名著评说的活动，让学生在综合性学习的过程中搜集与名著相关的资料和信息。资料包括影视资料和文字资料两大类。学生在观看了名著中相关情节的影视资料后，把评说名著改为评说影视作品。无论是对于影片中人物的刻画还是对于作品中环境的渲染，只要你有好的建议，或者你觉得导演处理得不够恰当的地方，都可以以问题的形式提出来，大家共同评说。在交流的过程中，学生对于作品中的人物形象有了更加深刻的认识，对于作品的认识也不断提高。文字资料是学生展开评说的依据。在利用资料的过程中，学生的能力也就自然而然地得到了提高。

读中知不足　听中忙标记　评中话长短　写中强体验

作文修改历来被众多语文教师认为是最苦恼的事情。之所以苦恼，不仅仅是因为批改作文自己付出了辛勤的劳动，更重要的是，自己辛苦批改后的作文学生瞥了一眼之后就被塞进了书包。

好文章是改出来的，但学生的作文能力却不是教师改出来的。就写作的过程来看，修改文章本身就是一项非常有意思的活动。在修改的过程中，作者会不断地推敲、揣摩，从而使文章更符合自己的表达需要。只有让修改成为一种自觉的活动，让学生主动地参与其中，作文修改才会呈现生机勃勃的一面。教学中，我尝试了下面的做法。

用朗读激发学生的修改热情。阅读教学中的朗读可以培养学生良好的语感，并可以帮助学生增强对文本的理解。在作文修改过程中，大声朗读可以根据阅读教学培养的语感来感知自己作品中的语法错误：语句书写得是否通顺通过朗读的顺畅程度就可以得知，词语运用、搭配是否恰当可以通过朗读间接地反映出来。学生通过朗读活动较为准确地感知了自己作文的现状，这也就是作文修改的诱因。

朗读经典范文，让学生在比较辨析的基础上明了自己写作的不足。在教学中，我通常在学生朗读自己的作品之后马上给出一篇本次写作训练中相对出色的作品和一篇题材相似的文章让学生朗读，从而更加增强学生修改作文的欲望。

再来说说作文修改中的"听"。在集体评改同一篇作文的课型中，学生朗读了别人的作品后，我们还要求第二次听读。我在教学中发现，学生在听读中发现问题的速度比在默读中要快得多。听读中要求学生及时标注发现的问题词语和句子，我们更要提醒学生关注不小心从耳边"溜"走的方言和土语。

经历了朗读、听读之后，学生对自己的作品或者别人的作品都有了一定的了解，接下来的评说环节也就容易多了。同一篇作文的修改我们可以借助合作评说的模式交流修改建议。自己修改作文时则可以参照教师的修改方法进行实践，最后再由教师、学生共同点评修正。随后，让学生根据自己的评改体验进行第二次写作实践，从而强化修改，达到积极的效果。

我说出了自己的梦

那是个深秋季节,我和刚接手的初二年级的孩子们一起学习体育单元时,谈到了梦想。学生们问我:"老师,说说您的梦想,好吗?我们很想知道。"这语气中已经带有了让人不可推辞的成分,所以我真诚地回答了他们。

我是一名语文教师,我喜欢运动,我一直喜欢和追求那种奔驰、不停歇的感觉,说不上是惬意还是奢求,总之就是喜欢。我厌烦长久地停留在同一个地方,我喜欢刺激。我告诉孩子们:"一直以来,我都想成为一名大巴司机,拥有一辆自己的豪华大巴,哪怕是克罗沙那样的也行。驾驶大巴,行驶并呼啸于高速公路上。当然不是自己,最好是满载乘客。找到一方适合停驻的景区,人们醉心于美景的时候,我可以依偎在车窗边上,有爱人相伴。当然最好还要有一支烟卷。望着别人,览阅美景,静静思索,与身边的人私语几句,重新再回到行驶的行列中,出发,一站接着一站。"直到今天,我的这个梦想从不曾有过改变。在我的心中,一生中最大的快乐莫过于做自己喜欢的事,从事自己喜欢的职业。那个时候,我没有选择的余地和空间,成了一名教师,我并不后悔。当然,如果有一天,真的有这样的机会让我实现我的梦想,我会毫不犹豫地选择。

说完了,学生们的反应不一,似乎我的回答有些出乎他们的意料。短暂的停滞之后,学生们还是给了我掌声,我知道他们是在为我的真诚和坦白喝彩。

有梦想总比没有好。

又听到韩红的那首《那片海》了,很喜欢!曲子是我喜欢的萨克斯风,歌词里也有我的梦想!

走进作品才可以真情朗读

语文课应该特别注重有效的语言文字训练,要围绕学生,扎实地作好语言训练。因此,语言的品味当是牢抓不放的教学重点。课堂教学中,教师们都在大胆地尝试,积极地引导学生进行朗读训练,力图通过语言品味更好地促进学生对文本的理解。这种做法特别值得肯定,但是在实际的教学过程中,部分教师却走进了怪圈,走进了为读而读的怪圈。朗读如果不是为了增强学生对文本的认识、强化学生的体验,而仅是一种形式上的需要,那么这样的语言品味恐怕也只能"失味"了。要落实对语言的品味,并指导学生真情朗读,我觉得教师引导学生走进作品才是关键。

真正引导学生走进文章的字里行间,说起来容易做起来却很难。在教学的具体过程中,教师的引导是关键。因而,教师在教学设计时必须作充分的预设,思考并寻找引导学生理解文本的具体的途径和方法。当然,教师自己首先要对作品有充足的阅读体验和阅读判断,这样才可能更好地理解和指导学生,从而达成师生认识上的统一,为文段的朗读品味打下基础。下面仅结合《失根的兰花》一文中个别段落的朗读品味说一说具体的引导方法。课文中的第六自然段是这样表述的:"在沁凉如水的夏夜中,有牛郎织女的故事,才显得星光晶亮;在群山万壑中,有竹篱茅舍,才显得诗意盎然;在晨曦的原野中,有拙重的老牛,才显得纯朴可爱。祖国的山河,不仅是花木,还有可感可泣的故事;可吟可咏的诗歌,是儿童的喧哗笑语与祖宗的静肃墓庐,把它点缀得美丽了。"学生向大家推荐了这一段,教师接下来就问学生:"你觉得这一段美不美?"学生说:"美。"就在这样一句简单的引导后,教师便要求那位学生有感情地读这一段。学生的朗读可想而知,一遍不行,教师又要求学生反复朗读了多遍,但是学生的朗读却没有实质性的提高。由此,教师预想中的效果没有达到,再加上教师自己对于该段的引导也没有更好的方法,于是也就要求同学们齐读一遍,匆匆收场。

很显然,对于这段文字,教师并没有深入地引导学生去领会文段的语言美和意境美,所以学生才不可能读得有感情。细致地分析一下,作者在本段中表达的情感是强烈的、深沉的,文段中有诸多事物,其中"儿童的喧哗笑语"与"祖宗的静肃墓庐"等较难理解,那么,教师应该从哪些方面入手,找到合适的方法引导学生体会这种强烈而深沉的感情呢?结合学生的生活体验,引导学生展开合理想象。让学生闭上眼睛,教师先来朗读,让学生想象文段中出现的事物,并将这些事物重新组合,用语言描绘脑海中的画面。学生会想到自己坐在庭院中仰望星空,看到繁星点点,耳畔常常有故事相伴,那种感觉是多么温馨美好。再引导得深入一些,和谁在一起乘凉?是谁在讲着故事?什么故事?是妈妈?是奶奶?依偎在她们的怀中,听着故事,醒着,还是昏昏欲睡?经过了这样的引导,学生们忆及了自己的童年,想到了自己的家乡:那潺潺流淌的小河水,那高高低低的群山,那田间地头忙于耕作的老牛,那晨光熹微中的原野……甜蜜的童年生活回忆也就一并被打开了。一切回忆都是那样温馨、甜蜜,那种对家乡的感觉总让人依恋。有了这样的体验,学生们心底那份对家乡的思念情感也就与作者的情感慢慢地合拢了。在这样的教学情境下,再要求学生将这种感觉读出来,效果自然就不一样了。"儿童的喧哗笑语"与"祖宗的静肃墓庐"有很深的象征和代表意义,学生如果不能理解,教师适当地讲解一下也是必要的。有了上面的引导,学生对于这两处也就不难理解了。

一句话,走进作品才可以真情朗读。

有感于校长的话

今天的晚自习还是去了，对孩子们不放心，当然也为孩子们测试成绩不理想而着急。总在思考这样那样的问题，考虑为什么会有这样的结局，考虑为什么自己那样苦心孤诣地讲解，却让孩子们如此不解。难道是孩子们真的不用心？我总认为自己讲解得有多么透彻，我总是满足于自己知识有多么渊博，但我真的没有站在孩子们的角度去思考中考，去准备中考。

校长的一席话带给了我许多的思考和启发。

校长说："其实语文复习没有必要进行那么多的试题训练，选取典型的试题让学生分析，让他们吃透，真正理解和总结就够了。"

仔细思考，这番话是很有道理的。

回想我的教学过程，其实在辅导学生中考复习的过程中，我们总会走入这样一种误区，担心不让孩子多练习，不让孩子经过充分的练习，他们就不可能积累丰富的经验。当然，我们不能否认充分的练习可以积累经验之说，但是这样的途径对于孩子也好，对于教师也好，都是一种难言的负担。为什么这个时候我们不能放下这种思想的包袱，就一篇文章或几篇文章而努力呢？仔细思考我们教师获得经验的过程，对于一篇文章，我们经过几遍甚至十几遍的阅读和思考之后，才尝试着去理解文章，组织问题的答案。说句实在话，没有哪一位教师可以说自己第一次答题就能将文章的标准答案表达得清清楚楚，我们也是在表达之后去参考所谓的参考答案，然后再结合各种类型的试题，结合各种答案进行分析和归纳，总结形成自己的思路。这样我们才将自己的理解和经验传递给学生，或许他们接收到的仅有三分之一，但是我们却要求学生像我们一样可以准确无误地达到我们的标准。问一问自己，作为教师，我们是不是太苛刻了？对学生而言，这标准是不是太高了？所以当学生测试不理想时，我们自然不会合理地控制自己的情绪。

我今天终于认识到了。

孩子们，我为自己发脾气向大家表示歉意。但是，你们确实也有不努力的地方，对吗？

总结一下改进的方法。

首先，选好美文，哪怕只有一篇文章。和学生们一起反复地朗读，体味若干遍是否可以？答案是可以。

其次，理解充分，哪怕学生理解了片面。和学生们一起行走在文字中，表达效果、句子含义等不是一样可以推敲出来吗？我们是不是太急功近利了。

最后，我们就是讲一千篇文章，那又怎样？如果孩子们连一篇文章也没有读好，就是总结再好的公式又有何用？

用一颗平常心，多一些耐心，对孩子们要有一颗理解的心才行。

多为孩子们想想，多站在孩子们的角度去思考才行。

教师将什么留给了学生

开学不久,有一名实习生来到学校,攀谈起来才知道,她曾是我教过的某一届的学生,上过我的语文课。一周之后,我们俩熟识了。一次听课活动结束后,我们聊了起来。实习的黄老师说:"丁老师,您还记得您给我当时所在的班上过一堂公开课吗?"黄老师的一句话让我想起了六七年前的自己,想起了那时的语文课:认真准备,设计好各种对话,让学生顺着自己的思路步步前行,最终说出自己想要的那句话;我则尽情地在课堂上展现自己的种种能力,讲到动情时还不忘撩拨一下学生,让他们也抽噎起来。

"丁老师,您还记得那节课吗?"

"我真不记得了。"

"您好像给我们讲的是一篇高年级的课文,叫什么鸟来着!"

这一提醒,我还真想起来了,我那年准备了一堂公开课《白色鸟》,那是一篇小说,那节课的构思至今我还认为是十分精妙,挺满意的。心底的喜悦被黄老师激起了,我似乎已经听到了她对那堂课的回忆了,我似乎已经可以与她交流课堂设计的精妙了。我说了一句:"黄老师,还记得那堂课我是怎么设计的吗?""我只记得您给我们上过那堂课,其他的好像没有什么印象了。"

"对了,我还记得,好像课文中还有什么沙滩上深深浅浅的脚印,还有两只美丽的鸟……"

我惘然于桌前。

语文课,语文老师,我们的课到底给学生留下了什么?我们的课堂到底有多少东西是对学生有益的？我们用什么来影响学生的一生？我们的课的确要改了。

别再打扰学生们了。

对于教材的学习，教师总是不放心，我们在重复讲授着学生已经可以自己概括的故事情节，我们在重复地讲解着事情发生的背景、事情发生的经过，我们还在努力地重复！

不讲，行吗？行！

相信学生行吗？一定行！

那篇课文，不论我们设计得如何精妙，不管我们讲得如何挥洒淋漓，都终究不能代替学生的独立思考，不能代表学生对文本的独特感知。语文课就是阅读活动、写作活动与听说活动的有效结合，在这些活动中，我们没有必要深深地介入其中，我们要做的就是引导和主导。

阅读课堂，对于学生可以读懂的人、可以概括的事、可以看懂的话，我们想个办法，组织个活动让他们讲出来、说出来；他们感兴趣的语句，他们乐道的段落就让他们自己揣摩、品味一下，之后尽情地表达出来。我们要做的就是引导他们的思考向更细更深处蔓延。一堂课上，让语文学习小组尽情地展示他们的智慧、他们的理解、他们的解读、他们的问题，我们就做一回学生，也坐在学习桌前，静静地聆听，静静地欣赏。

语文老师，别再打扰学生们了！我们需要放手！

为师当自省

十年前，我在临沂沂南参加山东省优质课评选，当时的情景仍历历在目。那次我获得省优质课二等奖的第一名，二等奖中的第一名听起来很是别扭，与一等奖失之交臂应该归咎于当时自己的失误。那次，我抽中的是《世说新语两则》。在对课文进行解读时，一心追求方法的我却忽视了对文本的解读，我输在了一个"之"字上。现在回想起来还为当时的年轻、焦躁、鲁莽而心痛不已。

十年后，我又有机会跟随教研室领导参加"中国梦全国特级语文教师送课活动"。三天，听课四节，特级教师于课堂上所展现的教学的艺术令人信服。聆听名师报告，感悟名师的成长历程，收获诸多。端坐在电脑前，眼前依然浮现课堂中精彩的时刻。

没想到，在临沂的三天里，竟然遇上了一场淋漓的冬雨。这雨不仅淋湿了猝不及防的路人，更让参与活动的我们倍感寒意。好在会场中特级教师们的精彩课堂带给了我浓浓的暖意。

王君老师，一个瘦弱的女教师，一个堪称"传奇"与"个性"的语文教师。去年在莱芜凤城高中的大讲堂上，我第一次听到了王君老师的课。《老王》一课让很多语文教师头痛不已，对于这一课，我一直以来也没有过一次令自己满意的教学设计。王君老师的课堂深深吸引了我，她的课并没有我想象中的华丽，相反，她的课堂如此真实，如此厚重。青春语文第一次带给我视觉与心灵的冲击。这一次，是《散步》与《安塞腰鼓》。"我们在田野散步",看似简单的一句话,却被王君老师挑出三个贯穿全文的关键词:"我们"一词透过人物的感知与认识,令学生体悟感受作者心境;"田野"一词巧妙地切入环境描写,感受意境之美好;"散步"一词引导学生由文本感悟生活,教给学生正确的人生态度,学会担当,学会感恩。不得不感叹王君老师的独特设计及巧妙构思。对照自己的设计,反思自己为何一次次停留在原地难以向前一步,恐怕问题正是出在了自己身上。对于文本的解读,倘若一次次循着往日的足迹,倘若一次次不敢突破教学参考的束缚,倘若一次次囿于别人成功的解读,那就很难形成自己的风格,很难突破别人的思想领空。简言之,要突破,就要先突破自己,寻道自我。只有深入文本的语言,仔细揣摩,反复咀嚼,才可能与文章、与作者、与学生走得更近。

再说《安塞腰鼓》,这是一块难啃的骨头,但王君老师却将其视若丰腴的美味,反复诵读间尽显智慧与深刻。通常,与学生们一同赏析朗读这篇美文,大家定会将精力放在修辞格——排比的运用上,引导学生明确排比的作用。为了增强气势,朗读时应一浪高过一浪。说实话,我们的教学停留在为指导朗读而指导赏析修辞。但王君老师却不是,看看下面的赏析提示我们就明白了。

(1)排比句的构成特点;

(2)排比句的用词特色;

(3)排比与其他修辞方法的配合;

(4)排比句的奥秘。

透过上面的文字,梳理王君老师赏析句子的思路。她不仅仅让学生通过朗读感受排比句式的美,更注意用深层次的问题引导学生的思维走向深入;不仅仅关注修辞本身,更深入修辞的内部去探究、去体味、去感受如何修辞。这就是我们未能做到的。我想,之所以有些学生感到语文课堂没有滋味,也许原因就在这里。

后来,又看到了程翔老师,虽一直仰慕他,却从未曾得见,更无缘听到他的课。而今，是第一次。作文课上，程老师的大师风度显露无遗：一堂记叙文评价标准课，不见教师的讲授，处处展现教师的引导，不是步步逼迫，而是缓缓引导。举手投足间，展现从容；言谈举止中，尽露风采。

由《孔乙己》教学想到的

《孔乙己》是鲁迅先生的经典作品，很多年前我因为这一课的教学设计引起教研室王主任的关注，也因此走上了深研课堂的道路。16年后的今天，又在学校的开放周执教这一课，课后比较自己两次不同的教学设计，感想很多，简单整理如下。

关于小说教学的再认识。小说教学，很多年来绝大多数教师一直行走在套路中，把握人物、故事情节、环境三要素进行教学，无非就是梳理情节、分析人物、明确主题。语文教师讲小说就好比是程咬金的三板斧，只要你迈出了第一步，听课的教师就能知道你接下来要讲什么。如此长久以来，学生学习小说的兴趣就消失了，教师也觉得索然无味，这就是我遇到的瓶颈。这次的课，我着实思考了一番，从课文研读到教学设计，前前后后大概有三周左右的时间。时隔16年后的设计是否尽如人意，还是先将两次的教学设计进行简单的对比，以便反思。

第一次教学过程简述：

导入后，学生自由读课文，简单讲述故事的梗概，教师引导学生读小说的结尾，之后思考问题：孔乙己最后的结局怎样？待学生思考讨论之后，引导学生给出自己的判断：依据文本"大约孔乙己的确死了"得出两种结论——孔乙己已经死了或者孔乙己还没有死。无论学生得出哪一种结论，都引导学生再次深入阅读文本，从小说中找出相关的句段作为自己的依据，从而证明自己的观点。在之后文章细读的过程中，引导学生分析人物的两个经典动作（排出九文大钱和摸出四文大钱的"排"和"摸"），人物经典的外貌描写、人物的精彩对话。通过指导学生的朗读和想象人物的心理活动，体会孔乙己的悲惨命运、社会的冷漠以及短衣帮的麻木，进而得出孔乙己没有生存下去的条件，从而得出小说的主题。

第二次教学过程简述：

导入：同学们好，今天我们继续学习《孔乙己》这篇课文。周日读书，我看到了这样一段文字，请大家读一下。（学生读文段）你对文中的哪个词比较关注？"长衫"。的确，文中的范进穿着破旧的长衫应试，因为那是他读书人的身份象征，所以，孔乙己即使再贫困也不肯脱去长衫。让我们再次借助投影回忆文中的经典片段。（教师出示投影，学生读）这是一个怎样的孔乙己？（学生思考，总结，指名回答）

归纳人物形象，引导质疑，形成主问题。

师：文中的孔乙己终生未能进学。这个清高迂腐的读书人，在被丁举人打折腿之后，用手走路，走进了秋风里，走向了他人生的穷途末路。请大家短暂思考，用下面的句式，说说自己阅读文章的感受。

（出示例句：一个人，一段人生，一个故事。）

学生思考1分钟，引导明确。

一个可怜的人，形成一段悲苦的人生，一个悲惨的故事。

引导归纳形成问题：一个可怜的人，一段悲苦的人生，一个悲惨的故事，但文中为什么充满了笑声？作者说这篇小说是他最满意的作品，这又是为什么呢？今天让我们聚焦文中人物的"笑"，看看他们在笑什么，体会作者这样叙述的用意。下面请同学们速读课文，标画出文中描写人物"笑"的句段，尝试着分析一处。

教师浏览学生标画的情况，及时给予指导。

师：刚才我看到，大家都标画出了相关的句段，但在写批注时似乎遇到了问题。这样，我们以文中第一处对于"笑"的书写为例，给大家提供一些思路。

教师出示投影，师生共同分析文章第四段的笑声。

师：请大家先对比着课文读一遍投影上的文字，找一找不同，并在括号内填入恰当的修饰语。（学生自主思考）

展示：读出来。先分析再朗读也可以。

师：他们在笑他什么？（学生可能意识不到）

师：请大家读短衣帮，我来读孔乙己，只读对话部分。

师：同学们，你们在括号中填了什么？为什么？（他们的话是针对孔乙己的不幸而问的，孔乙己的确是有偷窃的毛病，那应该也是迫于生计的，算是他在生活中所犯的过错，所以就像书中说的，不能责人之过，所以他们应该是故意的，所以我填了故意教导。）

师：从这个角度来思考的话，那你应该用怎样的语调来表现？是问号所表示的关切？还是叹号所带来的特指和强调？试读。这里的语调是高的还是低的？朗读时应该是连贯的还是很缓慢的？一起来试一试。

师：你觉得这样说，过瘾吗？注意"什么清白？我前天亲眼见你偷了何家的书，吊着打"能否用肢体语言强化一下？

学生与教师共同演读这个片段。

教师总结：他们的这三句话似乎是连贯的，有理有据，信手拈来，专门为孔乙己准备的。人呀，真是太刻薄了，何苦抓住别人的一点短处而不放呢？这群短衣帮，在笑，在哄笑他的不幸（丑事）。这一段我们抓住了人物说话时的心理进行揣摩，从人物的语言入手反推人物的初衷，并尝试用朗读进行表现，剩下的两处请大家自己细心地揣摩，写批注，之后与小组同学交流、展示，4分钟，开始。

学生自主学习，批注文中关于笑的语段，准备交流展示。

师：请大家展示你的发现。

A：第六段。

旁人便又（　）问道："孔乙己，你当真认识字么？"孔乙己看着问他的人，显出不屑置辩的神气。他们便接着（　）说道："你怎的连半个秀才也捞不到呢？"

我在这里填写了"不怀好意地"和"故意耻笑地"。

先来看他们的第一问："孔乙己，你当真认识字么？"这个问题是显而易见的，孔乙己肯定是认识字的，反倒是作为短衣帮的他们不一定认识字。

本来孔乙己人生最大的悲哀也是他最大的遗憾就是没能考中秀才进学，这应该是他最不愿意谈及的，但他们却偏偏在他的伤口上撒一把盐，这些人真是太可恶了！他们在笑孔乙己的不堪，笑他的落魄和无能。

总结：他们把自己的快乐建立在别人的痛苦之上。

B：第十一段。

学生展示：为文中的对话添加画外音。

引导：掌柜只是在打听，只是关心钱，至于孔乙己，只不过是他咸亨酒店的一个匆匆的过客罢了，生死对于他而言都是无足轻重的。

板书：笑他的悲惨

教师引导，给出名言。

思考总结：文章用"笑"贯穿，巧妙地以小伙计的视角展示了人性的冷漠，在笑中展现悲剧，形成强烈的反差，也更加凸显了文章的主题。

思考：现实社会中有没有看客？慎做看客。读书推荐《呐喊》。

两种不同的教学设计，有共同的地方，文本还是那个文本，并没有发生改变，经典还是经典，但教师对于教材的认识却发生了巨大的变化。教师的教学思想决定了教学过程，现在回想起来，第一次教学我应该更关注小说教学本身，简单地说，就是更关注教小说，教小说的相关知识。第二次我更加关注将教学的重点转向小说如何讲述故事这个层面，并且在教学的过程中更加注重学生对于文本的独特的情感体验，让学生在感受孔乙己悲剧的一生之中也看到自己，反思自我，懂得应该尊重，懂得应该如何对待生活中的弱者以及弱势群体，从而指导学生的生活。简单地说，第二次教学并不仅仅关注小说教学，而是更关注育人。在教书，更是在育人，把立德树人放在了教学的首要位置。第二次教学设计中，用合理的想象引导学生去体会人物的内心世界，去感受不同情境之下人物的不同心理，使学生既对文中的人物有了清晰的认识，也加深了对文本的理解。

学会交流　消除陌生

窗外的雨看来是要下一宿了，断续的蛙鸣继续嘹亮着，正是读书的好时光。把窗户打开，让风儿进来。

听雨，听潺潺的雨声，宁静。

佐藤学提到了这样几种现象：现在的学生彼此之间是陌生的；在班级中，学生对于自己不关心的问题常常漠视，问及也是与他无关，高高挂起。学生对于同学交流的冷漠、对于班级事务的冷漠、对于教师问题的冷漠究竟来自哪里？

从教学的要素看，教师、教学方法、学生自身都是重要的因素。

课堂上对于多义意见，教师常常漠视，即使回应也是淡然处理，因为担心耽误教学进度。

对于课堂交流，教师如果不够真诚，倾听也仅仅是为了拖延时间，心中思考下一步教学该如何进行。交流中，教师往往很反感那些不听课的学生。从问题的反面思考，倘若我们的讲解很有效，我们的倾听很到位，心里装着学生，可以适时地改变，或许就不会有不听课的学生了。

因此，从这些角度看，学生不会交流，原因在课堂之上，教师对于多义意见的不重视，教师对于学生的引导不够真心，教师存在虚假倾听的问题，教师只顾自己的教学。

很是可悲。

那棵黑黢黢的树

我确是被眼前迟来的绿色惊艳到了。那抹新绿在黑黢黢且干枯的枝头冒出来，荡涤春风，享受雨露。短短十天，生命便以鲜活的方式呈现在了我的眼前。

那是寒假回来的日子，干枯的冬青枝头浅浅地冒出春的消息，就连那山楂树也耐不住寂寞，枝头鼓起新绿，隐隐地焕发生机和活力。午饭后在校园的空地上行走，不仅仅是为了赶走瞌睡，更是想要用手中新买的相机记录开学的新气象。顺次拍照过来，那边不知名的树木已是蓓蕾满枝头，粉红色的花骨朵在阳光下显得格外娇艳；树下是丛丛青草，嫩嫩地、绿绿地生长着；点缀其中的是金黄的蒲公英，再仔细看，确是盛开的苦菜花，黄的、白的，星星点点，如同星辰缀满夜幕。

终于，又走到了它的跟前。从开学的那天起，我就想去抚摸一下它别样的树干。经历了寒冬的洗礼，那枝干遍布黑色，从枝丫处向上分出的细枝条更是如此。它好像经历了烈火的洗礼，失去了原本光滑的肌肤，剩下的仅有被蹂躏的痕迹。我忍不住伸手，轻轻地握住斜向南面的枝条。真希望这最先享受阳光的枝条可以有生命苏醒的柔和，真希望可以触碰到印象中的柔软。只轻轻地弯折，就听到了清脆的咔嚓声，我知道，它失去了伴随它度过严冬的手足。一时间，有些无措，我不禁为自己的冒失感到后悔，我不该这样鲁莽伸手，仅为满足自己的欲望。

我心中肯定，它生命的翠绿已经定格在了去年那个美丽的夏天。

我第一次握住它枝条的日子,是 3 月 29 日。课堂上,我跟孩子们说起了它。

此后的许多天,我都匆匆地从它身旁走过,我固执着我的想法。一场春雨在这仍寒冷着的暮春降临了,山楂树已经准备开花,就连那最沉得住气的柿子树也已是满眼葱茏。暖暖的午后,楼梯间涌动着急促的脚步,一张张热辣而兴奋的笑脸突然出现在了我的办公室。

"老师,有了,真的有了,你快去看看,真的!"

七嘴八舌的叫喊,夹杂由衷兴奋的催促把我引出了办公室,我隐隐地感受到了什么,我在猜想他们的半截话,肯定是发芽了,或许是……

急促的脚步把我们一行人送到了楼下那暖暖的阳光里。远远地,它还是那样的身躯,它还是那样立在那里。走到近前,刺入目来的是枝头处淡淡的红。那红就在干裂的枝干上萌生出来,那红就在离树根最遥远的枝端展露,那红正在黑黢黢的躯体上弥漫开来……眼前的老者似乎戴上了鲜艳的蝴蝶结,正妖艳在这明媚的春光里。

我似乎懂了,是孩子们的笑脸催开了你的容颜,是那场该来的春雨唤醒了你沉睡的梦,是你存在心底的生的执念送来了新的生命。你终于没有错过这春天的风,这春天的雨,还有这美好的年景。

我确是被你惊艳到了,实验楼旁那棵曾黑黢黢的树。

放下又怎样

不愿意通过键盘的敲击来发泄内心的不快,但从始至终又有太多的放不下。

细细回想,接手这个班已经快两年的时间了,扪心自问,是我改变了这个班,还是这个班在不断地改变着、磨砺着我?写着写着,问题从心底里迸发出来。

真要遵从内心的判断,我更倾向于这个班在不断地改变和磨砺着我,就算是自我的排遣和自我愉悦吧。人们都说孩子是自家的好,我的确也被同样的想法禁锢住了。新冠疫情防控期间的网课,让人无可奈何,无计可施,干着急。面对周六一天四门学科的作业,我中午利用一个小时的时间来陪伴他们,在我非常自信于那天将要完美地度过一个愉快的周六下午的时候,这失望的情绪竟然潜滋暗长,如同汹涌的暗流即将吞噬我。

晚饭后,我在电脑前备课,同时也在消磨时间,等待家长会的到来。如期,戴老师的家长会还是注重引领。开家长会时,我的心底冒出一股子念头,听着班会何不一心二用一会儿?于是我打开了钉钉的家校本……

不看便罢,一看,怒火中烧。一下午的时间,作业提交的数量居然没有变化,打开未交人员名单,那些"惯犯"的名字,赫然出现在眼前。无名的火升腾起了,两年的压抑与宽容,说不清为什么,那种情绪注定要迸发出来。

家长会上,我算是控制住了自己,毕竟还有许多学生他们是按时提交作业的，若是莫名地被连带，那种不良的情绪就会被传染、叠加……我选择了调高自己的嗓门，用近乎极端苛刻的严厉声调来展示班级作业的提交情况，几个典型的学生家长被请上屏幕。

从心里讲，我不愿意这样做，尊重才能产生信赖，信赖才能创造出美好，不究过往，专注未来，放下该放下的，才能从容面对。眼前的这群家长多数比我的年龄要小，或许是因为三观不同，又或是忙于生计而无暇顾及孩子，我为他们找寻到了诸多理由，但是理由再多都无法成为他们放弃孩子、不顾孩子、无暇兼顾孩子教育的理由。

班级真的要发展，班级的确要进步，但这些绝不能建立在牺牲教师的休息时间、无限制的投入上。我也在反思，在整整两年的教学过程中，我有没有全身心地投入其中，我所承诺的"浸润·赋能"教育缘何又被自己推翻？而走到今天这个让自己心生不爽的境地，原因可能正是我管得太多，而留给家长和孩子们的偏少。可以这样换位思考：作为一名家长，我很理解班主任老师的钉钉教学行为，这种对孩子的关切并没有任何问题，但是当眼睁睁看着自己的孩子没有时间同自己交流时，家长内心情感的天平还是会更多地倾向于孩子这边，最后导致孩子或者班级没有长足的发展，我们每一名班主任都要背起这口锅一路强行。赋能，并不是天天陪伴、天天教育；赋能，实则是彼此成就、历练与成长。家长也是同样，作为成年人，相互包容才能共生美好，即使短期内不能奏效，但谁又敢肯定，这样呵护甚至惺惺相惜式的家校合作没有未来？

天下本无事，庸人自扰之，我想通了

让自己觉得很轻松的一个夜晚，有空跟小老二嬉戏一会儿，的确轻松，却总觉得有些放不下。这是班级最近不用钉钉布置作业的第一晚，回想起来，已经忘却了是什么时候开始用钉钉布置作业的，初始之时的确觉得是一种束缚，总有急于摆脱的愿望。现在，终得脱，轻松与否，只有自己心里最清楚。许久没有工夫写作，今天的写作还是源自内心的放心不下。

说起此事的源头，其实已经很久远了，归纳一下：学校两位李老师，钉钉上显示其学生完成作业的成效显著，班级成绩日新月异。从一中的反馈情况来看，汶源的学生普遍不懂得如何自我学习，进入高中似乎跟不上步伐。现阶段的部分家长反映，钉钉占用学生的时间太久，学生几乎没有伸展的空间。唉！做教师真难，当个班主任、当个好班主任更难。

三班的情况是否特殊，我确是心中没有明确的判断，不想说原因。今天散步的时候突然害怕起来，边走边听魏书生老师的讲座："班级的治理需要民主的策略，需要有明确的原则，需要制度，需要每一名学生的积极参与。"此类言语不间断地刺激着我细想、反思。

我治理班级，带班育人的方略该怎样总结？润泽心灵，共同成长。

班主任的工作是个苦差事，对于这个苦，我却是很享受的。前几日出差，正值复学归来的前几日，见不到学生才是真正的苦。这样看来，做班主任的苦与乐并没有真正的界限，究其原因，关键在于是否将这份牵挂、这份责任思之在心、常令相继。

我从小就是个不太张扬的学生。小学数学老师极其严厉,甚至到了令我恐惧的程度。清晰记得每一次数学课,我总是在战战兢兢中度过,有时面对老师的提问,我甚至会瑟瑟发抖,手臂不由地哆嗦,如同风中的书页。那种恐惧感现在想起来还心有余悸。从小学到初中,我一直对数学没有兴趣,也实在提不起兴趣来,师范毕业也是勉强过关,避免了挂科的尴尬。现在回想起来,数学成绩偏弱,除了智力原因外,恐怕那种惊恐的氛围也是一个重要的影响因素。

怎样的教育,怎样的氛围更利于学生的学习与成长?作为一名班主任,应该用怎样的方式管理班级才能实现立德树人,促进学生的健康成长呢?润泽心灵与赋能未来是我班级管理方略的关键词。

"阳春布德泽,万物生光辉。"令万物欣欣向荣、茁壮生长的是阳光、雨露,推及教学中的班级管理,谁是阳光?谁又是雨露呢?

育人,先要身正。师者,身正为范。"君子比德于玉焉,温润而泽,仁也。"(《礼记·聘义》)作为教师,应当修养品行,如玉般润泽。所以,从接班的那一刻起,我就试图用"美好"来润泽并点亮这群孩子,为其成长赋能,行而不辍,心向未来。

我的班级名称是"介恒班",这是我带的第二届"介恒班"。介有中正之意;恒,有恒定的意思。我将"中正做人 恒心做事"作为班级育人的目标与方向,希望学生在班级生活、学习生活中可以形成"中庸之风",成为品德端正、温和谦逊、处事中正的人,在学习中能够持之以恒,不松懈,向上而坚毅。

2016年,"介恒班"已经顺利毕业,46人中有42人升入普通高中,班级也被评为"济南市先进班集体"。现在的"介恒班"是我在2020年9月接手的,共50人。之所以调换班主任,原因有两个:首先,原先的班主任管理班级欠缺经验,班级中特殊学生较多,又加之在新冠疫情防控期间,班级管理没有跟上,导致班级纪律涣散,学风日下,在期末学业检测中,成绩在级部10个班级中垫底,学生平均分差距竟然接近90分。其次,该班级家长"能人"太多，过多介入班级教学工作，导致家长与教师之间、家长与班主任之间存在诸多不协调。我就是在这样的情况下被调入这个班级的。

一个班从无序散乱走向秩序井然，再走向目标明确、团结奋进，需要一个转化的过程，具体的策略实施过程必将伴随匠心的设计和智慧的引领。在2019级"介恒班"的改变中，我侧重于从以下几个方面着手，简述如下。

一、书为伴，汲智慧

育人，重在育德。终身学习，阅读不止。班级中班风的形成最为重要。我接手这个班时，用"一盘散沙"来形容很贴切。刚入班级，看不到他们眼中的渴望与专注，倒是挑衅的眼神让我难以忘记。第一节班会课，我先从中国的传统文化谈及，从汉字的造字法到文化的产生，再到中国的历史发展，最后谈到长征。因为这一年语文课本的必读篇目有《红星照耀中国》，我便推荐了《不可征服——中国姑娘徒步南极难抵极纪实》一书让学生阅读。在困难面前，在面对挫折时，必须有一种精神指引前进。引领班级的应该是一种怎样的精神？班级应该具有怎样的战斗力？我想借阅读让学生们思考。在读书交流会上，学生谈得最多的是当时的苦难，是战士们战胜苦难朝理想目标奋进的信心与决心，是冯静"行则将至"团队面对南极、面对高原反应与大风、严寒时的坚定，"厘米之战"所展现的坚定信念让学生们讲到这个情节时心情激动……

在总结时，我和盘托出我成为这个班班主任的原因，他们听得很仔细，听得很认真，这个门门学科都位列级部最后一位的班集体，第一次在大家的共鸣中成长，我用班级誓词"苔花如米小，也学牡丹开，介恒必将乘势而上，实现班级飞越"激励大家。我们共同确立了班级的奋斗目标，在日常班级管理、日常行为规范、班干部的职责定位等各个方面进行了约定，他们开始了向上的第一步。

我还陆续推荐了如下图书让学生们可以正视自我：《杨绛传》《苏菲的世界》……

二、人为鉴，助成长

"以铜为镜，可以正衣冠；以古为镜，可以知兴替；以人为镜，可以明得失。"(《旧唐书·魏徵传》)在班级建设与管理过程中，学生个体的管理对于班级的整体走向来说非常关键，尤其是班级中比较有影响力的学生，他们的一举一动、他们的学习状态以及他们的兴趣爱好，都会影响班级的整体学风。我在班级建设过程中注重了个体引导的过程实施与方式方法。例如：名人引领策略、传记阅读、名人故事推荐、设计班会系列课程等。

三、诚以待，做真人

中正做人，首先待人要诚，把诚实作为做人立事之本，让学生从学生时代起学会做人。在日常的教学活动中，我首先以身作则，在学生面前承诺的事情，再难也必须做到；要求学生做到的，自己先要做到。另外，我充分利用每周的班会课进行每周的班级议事。该项活动由学生轮流主持，主要针对班级日常生活、上周出现的问题进行反馈和解决。每天放学后有10分钟的每日情况总结反馈会。每周周一的班会，同学们针对班级当日或者上周情况如实提出存在的问题，遵循不歪曲、真实呈现、对事不对人、有一说一的原则，反映班级和同学存在的问题，并真诚提出整改意见。被点名的学生上台予以说明，若问题真实存在，则真心反思，给出下一步的提高目标，要求大家共同见证。此项活动看似针对性强，但在事实面前，学生们都非常认可，一段时间过去，班级中团结、真诚以待的风气便形成了，凝聚力也得到了增强。

四、爱家国，志不渝

爱国才能爱家，爱国才能志向明确。日常班会中涉及家国系列，重点关心国家大事，引导学生爱国爱家。关心时事、关心当下生活对于学生而言是很困难的，但是时事对于学生的影响却是巨大的。通过这一活动，让他们懂得，拥有眼前这份平静而安逸的生活，正是由于祖国的强大和高速发展。每一个青春的他们都要努力向前，担当使命，勇毅前行，在小我与大我之间要懂得承担责任。

五、赏为措，激潜能

每位学生都有其特点，他们独一无二，不可复制。在班级管理过程中，我喜欢静静地观察每个学生，喜欢在空余时间跟他们聊天，因为这样才能更好地发现他们身上的闪光点。学习优秀的学生固然好，但成绩稍差的学生也不是一无是处。在日常的班级管理过程中，我注重用实践活动提升学生的实践能力，并从中发现他们的优点，进而尊重他们的特点，让他们可以全身心地投入，在活动中获得成就感和自信心，从而提高学习能力。

六、家校建，共致远

家庭是学生成长的重要场所，家庭教育在孩子成长中的作用巨大。父母作为孩子的第一任教师，也是重要的导师，作用不言而喻。家校携手，可以共同促进学生的进步及发展。接手班级之初，我通过家长会、读书会、好书推荐、我的一堂教育理念课、好孩子是怎样培育出来的等多种形式的经验分享，将我的育人思想同家长进行沟通交流，在教育孩子方面达成共识，促进家校共建。另外，为了促进班级建设，我每周邀请家长进入课堂，家长坐在后排专用席位，参与班级的教学活动，听课并撰写参与心得，在每周的分享会上与其他家长分享。家长对于班级管理提出合理化建议，并对每个学生的在校表现进行真实反馈。本项活动受到了家长的一致好评。

惊喜之余

开学第二天,忙碌,亦有惊喜。

早读,到校后绕着教室转一圈,人员齐整。今天,朱同学顺利归来,这是调整了两个月的结果。晨读快要结束的时候,他走到我跟前,其激动的神情告诉我,他有话要说,而且藏了很久。我告诉他,中午时间我们抽空聊聊。事情还要从新冠疫情前说起。

"朱同学未到校",这是我突然接到的家长短信呈现的内容。通过电话询问,家长告诉我孩子先是有些抑郁,后来又接连被各类不同的专家诊断还患有其他精神疾病,返校之初,我很担心他会不适应。来到班级的那个早晨,我留心观察他。没有坚持到第一节课结束,他就匆匆走来,让我电话告知他的家长到学校接他回家。我本能地把他留了下来,之后,我们到实验楼的周遭转了一圈,在散步的时候我和他进行了交流。他告诉我他很紧张,手在不由自主地抖动,我意识到了问题的严重性,我和他徐徐回到办公室南面的小屋,我试图探究原因。

原因一:

言谈中,他谈到他的父亲很严厉,在父亲面前他很拘束。还有,他的父母言行不一致,在他面前玩手机,而自己则处于紧张的学习状态中……

原因二:

他的内心感觉惶恐、担心,无法明确具体的原因是什么,或许有中考带来的压力……

原因三：

他非常喜欢苹果手机，喜欢用它听音乐，而且喜欢做作业的时候听音乐，每当内心感觉不爽的时候，他喜欢听着音乐自由地行走或者奔跑，他很享受那种感觉……

原因四：

他觉得可能是药的原因，药的剂量很大，他每天都用将近两个小时的时间来适应……

接手这个班级已经接近两年的时间了，对于这个孩子，我的印象不差。他的字写得不好，在班里也不算是调皮的孩子。接手他们的第一学期，我经常带着他们在课间时段进行体育锻炼。这孩子身体相对瘦弱，起初我以为他会有较强的爆发力，可以冲在班级男生的前面。几次测试后，我发现他竟然是男生中跑得较慢的一个，后来的运动会，他也积极报名参加，名次自然可以想象……

再后来，在语文的测验中，在日常的学习中，他的反应都比较慢，常常因为不能背诵而受到我的责罚，但他每次都坦然接受……

再后来，我发现他的成绩在一点点地提升，由班级中的后进生变成了中游生，他的变化令人欣慰，同时也让我不得不重新思考这个孩子发生变化的原因。

倾听

中午午休即将结束的时候,张娅如同学来了。她站在我的左侧,我将椅子轻轻地扭转,听她讲述。

"老师,今天中午在来的路上,我看到一个小男孩,他在爷爷的看护下行走,我听到了他们的对话,孩子说:'爷爷,你等着,将来我大了,那个时候我的爸爸也大了,我们都一样大的时候,我们仨一块儿玩好吗?'听到他们的对话,我想了很多,这个男孩竟然没有生死的概念。那时,我想到了泰戈尔的一句诗,'死如秋叶之静美',我很喜欢这句话。说句实在的,我原先是很惧怕死亡的,现在当我再回想我走过的这段岁月,当阳光从树叶的缝隙透过照耀在我的脸上,我觉得自己真的很幸福,我从来没有觉得生活竟是这样美好……"

她是一个很单纯、很感性的女孩,言语间泪水已经从她的脸颊流淌下来,我递过去一张纸巾,提示她擦泪,我顺便随意地问了一句:"孩子,你今天跟我讲这些,想要表达的主题是什么?"

我试图把她的思绪集中起来,用问题来引导她思考自我,由感性变得理性起来。现在回想起来,我想那时的我可能出于一种直觉,我知道她的到来、她的诉说应该没有任何主题或者她不是怀揣目的而来的,这种主动上门的交流若不是情感在心中汹涌难以压制内心的冲动,她怎会主动过来?进入老师的办公室毕竟还是需要些勇气的。

我停顿片刻,我想我也应该表达一下自己的想法,就从生如夏花说起了。

"我是个容易感动的人，在我的心中总充溢着美好，常常会为零星的往事而感动，有时候是因为电影的一个镜头，有时是为了一句话……总之，生活中的诸多磨难都无法消磨我，反而我会从容地消解那些压抑在心头的事，让自己变得更加从容而睿智。老师觉得像你这样心思细腻的人能够产生新的思想，你是为文学和思想而生的。"

我的这番话，到现在回想起来都觉得好有道理，尤其是对一个正在成长中的少年来说。我料定，她一定会在将来的某一天再次敲开我办公室的门。我坚信。

有感于《紫藤萝瀑布》

　　我感觉自己就像坐在教室中的学生，我喜欢这样陶醉其中的感觉。曾老师有着令人吃惊的沉着和稳重，她胸有成竹。在课堂上，我们看到的是学生们陶醉其中的状态，是他们积极的学习态度和独特而灵动的表达。这是一堂让我收获良多的视频课。

　　我们用什么来吸引学生？记得读中学的时候就学过《紫藤萝瀑布》这篇文章，说句实在话，那时真的没感觉到宗璞的文章有多美。后来，与学生一起学习这篇文章，通过反复朗读，揣摩、体悟、感受到了，可惜的是，课堂教学的过程却不尽如人意。由此推想，学生们也断然没有深刻的体会。我不禁思考我们该用什么来吸引学生？语言是情感表达的载体，而声情并茂的朗读却更能将这种情感外化。我们当然无法准确地表达出作者融注在字里行间的情感，但是作为一名语文教师，作为一名成年人，是不是应该读出我们自己的理解呢？曾老师在多媒体的辅助下朗诵了这篇美文，当然，与其说是朗诵，倒不如说是背诵。她用自己低沉的语调、舒缓的语速背诵了这篇文章。试想一下，曾老师是怎样完成这一过程的？在付出了艰辛努力之后对文章的理解又怎会不深入呢？曾老师俨然把自己当作了宗璞。声情并茂地朗读、深情而熟练地背诵，这些已经足够吸引学生了。我所讲过的几次公开课得到了于立国老师、王化兰主任和毕淑娟校长的指导和帮助，他们都这样要求我并且用自己的例子鼓励我，我现在也想向那些不敢开口朗读、担心自己不能背诵的语文教师提出建议，尝试着背一回、大胆地读一次，你的学生一定会为你喝彩。

我们要求学生深入地理解和赏析，我们自己做到了吗？在教学的过程中，我看到了这样的教学情境："流动""辉煌"这些词语原先是不被学生关注的，但是曾老师却很快把这些关键词语推荐给了学生。对于这些词语的选择，我想曾老师的推荐是有目的的，因为这些词正体现了紫藤萝花的生命力，这些词语也正契合了文章的思想。所以我们教师对于教材的挖掘不应该是漫无目的的，并不说学生想说哪个我们就可以跟着学生的思路走，完全以学生为主也是要不得的。必要的时候我们应该紧紧地围绕我们的教学思路开展和组织教学，这样才可以避免发生放得开却收不拢的现象。再看这个教学情景：课堂上一位女生的朗读博得了大家的掌声，细思一下：那位女生出色的朗读是怎样来的？我们可以抛开学生自身的素质不予考虑，产生这样的效果很大程度上得益于教师恰当的评价和引导，以及学生自己敏锐的洞察力。换句话说，正是因为曾老师深深地领悟到了这些词语的表达作用，有了自己的理解，所以她才可以更好地理解学生的表达，才可以从容地应对不断变化的学情。

我们对学生喜欢的句子进行引导和赏析，最终的目的是什么？我们在教学中力求通过朗读、赏析让学生可以真正走进作品，可以积极地思考，形成自己独特的认识。很多教师都抱怨上面的话说起来很容易，做起来难。为什么？我觉得这正是我们没有明确自己的目的，或者说我们对达到目的有些急功近利。这时候我们是否可以"以学生的情况为主"呢？我们是不是要从我们学生的实际情况出发，不断地循序渐进地让学生进步呢？这个学生可能从赏析中学到了朗读的方法，那个学生可能还没有达到这种程度，作为教师既不要抱怨自己学生的水平不高，也不要对学生要求过高，要循序渐进，一步步地引导、训练。我相信，只要有耐心，就一定可以使学生的综合素质得到全面的提高。

总体来看，这堂课教师教学设计的思路非常明确：引导学生整体感知文章内容，赏析评点文章的语言美，透视作品字里行间的真情美，领悟作品积极的思想内涵，引领学生形成正确的价值观。应该说这是一堂非常成功的阅读课。

在听课的过程中，我也思考了如下几个问题：

1.存在的问题：当第一位学生推荐自己喜欢的句子之后，教师没有引导体会，放过了这一句应不应该？我们还可以怎样处理？

2.课堂中学生的参与是否还局限在极少数学生？我们还可以怎样处理才能让更多的学生参与其中？教学活动中，学生活动的设计是不是还要多一些？

3.曾老师引导学生关注了语言、赏析了语言，在情感目标的落实上做得很到位，但总感觉这节课的后半段缺少了些什么，是不是情感教育太过了？

读《静悄悄的革命》

这里静得出奇，荒山野岭，虫声不觉，心里宁静。

读佐藤学的《静悄悄的革命》，没有很高的兴致，恍惚中标画出这样一句："在教学中价值最高的也许恰恰是这种模糊的多义意见。尊重这些多义意见，能够建立起教室里对个性多样性的意识，从而在相互的交流中，能使每个人的认识达到更加丰富，更加深刻的程度。""多义意见"也可以叫作既不赞成也不反对的意见。在日常教学过程中，对于此类意见，我往往视而不见，因为总感觉这些学生是在夹缝中求生存，连最起码的意见都没有，实在不该。我还常这样鼓励学生："大家要大胆发言，只要有想法就很好，不要害怕说错。"现在看来，其中掺杂了教师较多的主观情绪，没有认真观察课堂，自己的思维也被束缚了。

现在仔细思考一下，多义意见的学生其实同样有思考过程，而最终没有形成自己意见的原因可能有如下几个方面：

首先，最有可能的是他们的思考卡在某个地方，导致思考无法行进下去，所以无法形成自己的最终意见。

其次，可能他们压根就没有弄清楚该如何去思考，整个思维过程是混乱的，他们的思路都没有形成，更不用说得出结论了。

再次，可能他们对于两种思维过程都有过假设推理和思考，但是哪一种更准确，他们无法说服自己。

在日常的教学中，我会更多地关注说错的学生，他们的回答往往具有代表性，教师本身也很容易从他们的错误中开山辟路，找到教学的突破口，课堂的教学起点也就有了。

此时，回头看多义意见，将之与错误回答作对比，哪个更能成为课堂的突破口或代表性的问题也就显而易见了（我没有进行问卷调查，有待证实）。

面向个体的教育

真正认识自己的还是自己本身。如果每位学生都能在教师、家长或者同伴的帮助指导下不断地追问自我、发现自我，他就会逐步明确自己的定位，清楚自己的发展需求。

教育的本质在于唤醒，仔细想想，倘若我们仅仅为了知识的传递而教学，那是不是可以狭隘地说，教师这个职业也太不专业了。

这一学期，遇到了各样的学生，他们各有各的性格，当然，以前的学生也是同样，只是没有现在的学生这么奇特罢了。

还是先讲述今天的故事。

王同学在昨天被我教训了一通之后似乎有些消停了。接管班级的接近三个月，我对这个孩子的观察始终没有停止过，他带给我的惊异也同样多得不可估量。周一班会之后我把他留下，原本是好意，希望他在放学后再巩固一下中午背诵的道法题。他那时一脸的不乐意，但最终还是留下了。在即将结束的时候，我提出看看他的道法书，实在没有想到，他竟然把含有我提问的那两行字的书页撕了。交流中他毫不隐瞒，他说为了表示对我的不满，所以选择这么做。好心换来的是不理解甚至是厌恶，更令人觉得不舒服的地方是，这种厌恶竟然来自自己的学生。我去家访，他摆出一副傲慢、令人难以接受的表情。更有甚者，他竟然对他的父亲丝毫不留情面，令那个中年男人涕泪纵横。我实在忍无可忍，提高嗓门准备迎战，那时我真想揍他一顿，狠狠地揍他，不为别的，就因为他这不懂事的样子。

好在，我忍住了，强压怒火，我选择放弃："你走吧，我已经无话可说了。"不经意的话语倒刺激了他，他不肯离开，并且嘟囔起来。

昨天发生的一切似乎还浮现在眼前。

我曾尝试用各种各样的方式去引导他，但似乎收效都很小。现在我倒是有些无措了。

下午放学前，我利用一点时间进行今天的总结，我提到了他没有完成作业的事情，我把我们的对话呈现给大家，他居然在大家面前说："倘若再给我一次机会，我会选择回到生命的起点，把机会让给其他的兄弟姐妹。"那一刻，我的心情无法形容。我随口问道："你是否知道你是你妈妈生命中的第几个孩子？"他说不知道，我又问："你是否知道为何你的父亲会如此严厉地要求你？"他亦然决绝。我再问："你是否懂得你爸妈的良苦用心？"他还是这般懒散地说着。

真不知道，我该怎样唤醒这个迷途中睡着的孩子，我知道他内心是善良的。

别问我,我都知道
——写在"介恒班"离别的日子

今天,2020年7月19日,阴云笼罩。而那天,2016年9月1日,阳光明媚。天气的阴晴变化,恰似我这两日的心情,如此契合,如此贴切,仿佛是命运精心编织的隐喻。

记得那天,崔奕晖是最后一个来到班级的同学,而今日,我却连他的身影都未曾来得及捕捉;那天,维赫主动帮我拖地,那小小的举动满是温暖,可今天,我甚至没来得及和他道一声再见。时光的流逝如此无情,有些瞬间,一旦错过,便难以追回。

今天,我送别了"介恒班"的46个孩子。看着他们离去的背影,我心中满是复杂的情绪,有欣慰,有不舍,也有对他们未来的期许。我一遍又一遍地在心里说着,希望他们今后的人生之路,越走越宽广,越走越顺遂。

清晨,我便辗转反侧,嘴里一直念叨着毕业典礼的主持词。起床、洗漱,而后在学校附近的包子铺匆匆吃了两口早餐,便急忙赶到学校。到了学校却被告知,典礼延期至下午1点30分开始。或许是因为原本紧绷的神经突然松懈放松,中午时分,我竟沉沉地睡去。当妻子把我叫醒时,时间已经不早了。我匆匆准备,尽力让自己看起来状态良好。

临近典礼开始,教室里人还不多,大约1点10分左右。我像往常一样,有条不紊地安排着各项事务:让亓瀚然负责测体温并记录,让王柄权查对人数,让李一泽发放毕业证书。我依旧按照自己的方式处理着眼前和即将发生的事情，仿佛这样就能抓住这渐渐流逝的时光，留住与他们相处的每一个瞬间。

不经意间，我想起了我们"介恒班"那面设计独特、色彩鲜明的班旗。还记得入学时，为了给班级取名，大家绞尽脑汁，冥思苦想。当看到李老师设计的班徽时，那份莫名的激动至今仍在心头荡漾。班徽上，鲜艳的色彩搭配着诚挚的祝福语——中正做人，恒心做事。这简单的八个字，我们用了四年的时光去践行，回首望去，我们未曾辜负这份初心。

再次走进教室，人渐渐多了起来，但仍未到齐，我不禁有些焦急。此时，离典礼开始仅有15分钟了，我匆匆讲了些注意事项。我相信自己的学生，也相信班长，将一切交给他们，我放心。来到操场，看到学生和家长们都已找到合适的位置坐定，我的心才稍稍安定下来。

作为今天毕业典礼的主持人，我内心充满了激动。当看到"介恒班"的同学们为我举起手机时，我的眼眶不禁湿润了。即便没有打开闪光灯，但在我眼中，那一片光却比任何光芒都要耀眼夺目。那一刻，往昔的日常如潮水般涌上心头。站在讲台上，我曾和他们谈古论今，说宋江的忠义，聊西藏的神秘；谈天文星象，话天狼的传奇；讲苏轼的才情，论农桑的艰辛。有时，我会吹吹牛，分享自己的经历；有时，会哼上几句小曲，为课堂增添几分轻松；有时，会诵读华章，让他们感受文字的魅力。但凡我觉得美好的事物，都想毫无保留地分享给他们。我知道，或许若干年后，他们不一定能记住我所讲授的具体知识，但我真心希望，他们能铭记我曾激励他们的那些话语，记住心中涌起的那份情绪，以及那股在心底扎根、抹不去的力量。

吕校长致辞时，我听得格外认真。他缓缓的语速中，渗透着绵绵的深情；抑扬顿挫的语调里，传达出令人奋进的力量。听着听着，我的思绪不由自主地飘远，四年的点点滴滴如电影般在脑海中快速闪过。

忘不了第一次军训，烈日炎炎，汗水湿透了每个人的衣背。李一泽曾调皮地说："老师，你说的话咋和我妈嘱咐我的一样？"那稚嫩的声音仿佛还在耳边回响。也忘不了，有的同学因体力不支倒在烈日下，还有同学调皮打架的场景。这些画面，至今仍历历在目。忘不了第一次扫地时大家的手忙脚乱，以及最后一次扫地时的留恋与不舍。润泽啊，你那纯真的模样，怎么就深深印在了老师的心坎上？让我一次又一次地忍不住想起你。

忘不了那些男生、女生的课间会议，我不知道他们是否曾在窗外偷偷聆听隔着墙的声音。我们曾许下的约定，那些保守的秘密，如今他们或许早已明了答案。那时的我，有着傻傻的奇思妙想，现在想来，他们大可以笑话我，但那些都是我对他们满满的关爱与期望。

忘不了运动会上那响亮的标语——赢了一起狂，输了一起扛。多么豪迈的话语，而走过那段时光才知道，家长们对自己的关心与呵护是生命中最值得感恩、铭记的力量。忘不了在实验楼西侧的短暂锻炼，俯卧撑、加速跑，那些挥洒汗水的时刻，见证着他们的成长。

忘不了那些调皮捣蛋的"小机灵鬼"，是他们让班级充满了活力与欢笑；忘不了赤日炎炎似火烧时，我们一起走过的三十里龙山路，那漫长的路程，磨炼了我们的意志；忘不了倾盆大雨下的茶厂，那独特的经历，让我们学会了坚韧与团结；忘不了刘纯鑫灵动的舞姿，那优美的姿态，为班级增添了一抹亮色；忘不了烧烤炉旁，大家的歌声飘荡，那欢乐的氛围，是我们青春最美的回忆。

四年的时光，如白驹过隙，匆匆而过。如今，他们还是青春年少的孩子，而我，依旧是那个陪伴他们成长的老师。有时候，老师的千叮咛万嘱咐就像经卷，或许只有在历经岁月的沉淀最终修成正果时，他们才会真正感念其中的深意；有时候，老师严厉的呵责，如同刀枪剑戟，或许只有在遇到挫折懂得圆滑处世时，他们才会反思其中的良苦用心。

我天天关心着他们的作业，时时关注着他们的课堂表现。这份用心，也许除了他们的父母，很少有人能够如此尽职尽责。这一切都证明，老师的心，始终是他们前行的方向，是他们成长的力量源泉。

他们就这样，拉着父母的手，渐渐远去。那一刻，我好想冲上去，紧紧拥抱他们，告诉他们我有多么不舍。原谅我，在他们离开汶源的最后时刻，我却缺席了。但其实，我从未真正离开，但愿我能一直住在他们的心里。

在我的心中，他们永远不会毕业。时光正好，青春不老，我们的故事，将永远在记忆中延续。

长成你们希望的样子

利用晚饭后的时间，我陆陆续续走访了学生。真正走进每一个家庭，才看到了孩子们最真实的一面，这些模样与我在学校和班级中看到的并不完全相同。

其中有两次家访让我印象深刻。

第一个孩子比较特殊。他在教室里总是坐姿不正，缺乏常人的逻辑判断能力，甚至将父亲视为仇敌，而手机则是他最难割舍的"挚爱"。来到他家时，他懒洋洋地跟我打了个招呼。刚坐下，他的父亲从外面"散步"回来。用他父亲的话说，所谓"散步"，其实是无可奈何地出去走走，寻找片刻清静。

孩子的父亲身材魁梧，眉宇间透着刚毅。寒暄过后，我们聊起了孩子的教育。我把男孩拉到身边坐下，他正在摆弄手中的磁力玩具。我下意识地接过玩具，一边摆放一边询问玩具的来历。孩子的父亲接过话茬，说这些玩具都是他精心为孩子挑选的，还买了整套棋类玩具。这时，我脑海中浮现出孩子在课堂上的表现：他几乎无法集中注意力，即使有老师不断提醒，最多也只能专注5分钟。随后，橡皮、小刀、圆规甚至纸团都会魔术般地出现在他手中，让他完全沉浸其中，课堂对他而言失去了意义。当我拿走他手中的玩具时，他的情绪突然失控，开始喃喃自语，双手交叉放在大腿间，大拇指不停地画着圈圈……

最终，我们还是谈到了孩子的学习问题。此时，孩子的反应更加令人诧异。他愤愤地说："为什么要拿走我的手机？那是我自己攒钱买的！玩手机是我最快乐的时刻，你们无权干涉！你算什么父亲？你没有权利拿走它！"看着那位父亲愤怒的样子，我真担心父子俩会大打出手。幸好没有。这个少年，内心为何连一丝感恩之心都没有？

　　第二个孩子是个女生，是我们班来得最晚的一个。每次与她交流，她都异常镇定，无论我说什么，她都不回应，只是冷冷地注视着我，脸上没有任何表情。问起同学，他们说这是个"怪人"，很少与人交流，生活中似乎总是比别人慢半拍。

　　周六晚上，我去了她家。她和母亲是后来加入这个家庭的，现在的父亲和爷爷奶奶对她都很照顾。从他们口中得知，孩子很懂事。家中的她与学校的她判若两人。聊天中，孩子的母亲说起几年前的事：她独自带着孩子，日子过得很苦，所有事情都要自己处理，生活很累。小学时，孩子很喜欢画画，不用指导就画得有模有样；她还喜欢剪纸，是同学们的偶像。但后来，为了赶功课、完成作业，原本喜欢的美术课不得不放弃，改成了英语辅导……日子一天天过去，孩子越来越不专注学习，作业完成得越来越慢。再后来，回家后先睡觉，作业基本不做，直到第二天早上才匆匆写几笔，作业质量可想而知，成绩也因此一落千丈。这个心灵手巧的少年，为何现在会如此抗拒为她付出了那么多的母亲？

　　两个孩子，都处在如花的年纪。仔细思考，在影响孩子的因素中，家庭教育的责任不可推卸，学校教育也不完全到位。但这些似乎只能成为我们自我安慰的借口。究竟是什么让孩子变成了今天的样子？或许，是我们太希望他们成为我们期望的样子了吧。

观《万世师表》有感

初次观看《万世师表》时,内心便泛起诸多思绪。如今再次重温,感动之情却远胜往昔。回首自己投身教育事业已有二十载,直至今日,我对这份职业的热爱才愈发深沉且笃定。这份源自心底的触动,很大程度上源于报告中那些振聋发聩的话语,它们如明灯般照亮了我对教育的理解之路。

"教育的本真是立德树人"这句话看似简单,却蕴含着深刻的教育哲理。在现实的基础教育中,我们常常在追求高分与提升教育质量的道路上疾驰,对教学质量的关注可谓细致入微,素质教育的推进也从未懈怠。凡能提升教学效果的方法和手段,我们都积极探索与尝试。然而,在忙碌的教学过程中,我们是否真正将"立德"与"树人"置于核心位置,切实贯彻到每一堂课、每一次与学生的交流之中呢?

以冰山原则来剖析学生的素养,我们不难发现,丰富的文化知识与技能固然是素养的重要组成部分,也是未来学习的基石,但当学生走出校园,步入社会,这些知识和技能或许会被逐渐淡忘。无论留存多少,从长远来看,其实际价值可能并非如我们所期望的那般显著。那么,当知识的表象褪去,真正留在学生身上的是什么呢?其实,那占据七成的,是做人的素养。这犹如冰山之下的庞大基座,虽不显眼,却支撑着学生未来人生的大厦。

我们不禁思考,这些素养是否真的源自教育?即便如此,它们是否一定是积极且持久的呢?尽管目前尚无定论,但可以确定的是,我们完全有能力通过义务教育阶段乃至更长远的教育历程,为学生赋予他们人生中不可或缺的素养。这就要求我们在教学过程中，不能仅仅关注知识与技能的传授，更应注重其他素养的培养。例如，激发学生对知识的渴望，让他们形成广泛的兴趣爱好，从而在学习中获得精神上的愉悦与满足；引导学生在人际交往中，提升沟通与表达能力，构建和谐的人际关系；鼓励学生积极参与社会实践活动，积累丰富的人生阅历，进而树立正确的人生观与价值观。

以小说教学为例，在教授《孔乙己》时，若我们的目光仅仅局限于文本分析，如人物形象剖析、描写手法探究等，学生的学习便只能停留在知识的浅层次。文中众人对孔乙己的嘲讽与冷漠，所反映出的世态炎凉与人情冷暖，学生将难以真切体会。如此一来，他们便无法从他人的人生经历中汲取有益的经验，更无法将这些经验转化为自己人生的指引。因此，我们应引导学生关注文中的"笑"，深入探究人物笑容背后的复杂心理，让他们感受孔乙己命运的悲惨，体会社会各阶层的麻木，从而明白在生活中要保持清醒，不做冷漠的"看客"。

"教师对学生要有人文的关怀。"报告中，金教授所举的例子，如"父母皆祸害"这般令人痛心的言论，深刻反映了当下某些亲子关系的紧张与扭曲。我们一直秉持着"爱生如子，敬师如父"的教育信仰，但现实却让我们不得不反思：倘若我们作为教师，同时也是自己孩子的任课老师或班主任，亲子关系是否会因此而更加融洽呢？然而，现实情况却是敢于直面学生教育的教师寥寥无几。这背后的原因值得我们深入剖析：我们是否在对待自己孩子时，也同样缺乏人文关怀？是否过于关注成绩，而忽略了他们的成长与人格塑造？我们是否在不经意间对孩子进行了过度的束缚，剥夺了他们应有的自由与快乐？

对比德国的家庭陪伴日以及以色列家庭秉持的从小培养孩子的阅读习惯，我们不禁感到惭愧。我们连对自己的孩子都难以做到人文关怀，又怎能在对待自己的学生时能够完全贯彻呢？教育，本应是充满温度与温情的事业，"立德树人"才是教育的根本使命。

"适合的教育要透过兴趣、志向、方法、习惯四个关键词落地。"在学科教学中，我们常常陷入重结果、重练习的误区。这种方法或许能在短期内提升学生的成绩，但从长远来看，却不利于学生的可持续发展。只有基于兴趣的学习，才能激发源源不断的学习动力；只有怀揣志向的学习，才能提供强大的前进动力；只有掌握科学方法的学习，才能在学习的道路上走得更远；只有养成良好学习习惯的学习，才能真正受益终身。

《万世师表》带给我的，不仅仅是一时的感动，更是对教育本质的深刻反思与重新认识。在未来的教育之路上，我将以此为指引，努力践行"立德树人"的教育理念，给予学生更多的人文关怀，帮助他们找到适合自己的学习方式，让教育真正成为点亮学生人生的明灯。

有荤也有素：温暖相伴的上海之行

日出又日落，时光在不经意间流转。生活中，一张小小的餐桌，承载着有荤有素的美味，更盛满了浓浓的温情。一次短暂的出行，让我收获了满满的感动，那深入心底的温暖与触动，至今仍历历在目。

从济南搭乘飞机，仅仅一个半小时，便抵达了上海浦东机场。入住酒店，安顿好一切后，我们各自开始了行程。大儿子去听期待已久的演唱会，而我和小儿子铭泽则计划前往浦东外滩和东方明珠游览一番。我们打算乘坐地铁前往，从酒店到地铁站大约有一里地的路程。出门后，铭泽自然而然地牵起了我的手，我们步伐不疾不徐，向着地铁站缓缓走去。

冬日的上海，与北方并无太大差异，寒风凛冽，空气湿冷。行道旁是一条城中河，一只野鸭悠然自得地漂浮在水面上，它前行的身躯轻轻推开碧绿的水波，涟漪一圈圈地荡漾开来。几只小鸭子不紧不慢地跟在后面，形成了一幅和谐且惬意的画面。

"爸爸，它们好悠闲，挺自在呀。"儿子仰起头，一脸羡慕地说道。"你也很悠闲，很自在呀。"我笑着回应他。"这是我第一次来上海……"他嘴里不停地念叨着，眼神中满是新奇与兴奋。我没有应声，只是任由他紧紧地拉着我的手，我们一同朝着地铁站走去。

乘坐地铁到达外滩后，我们随着熙熙攘攘的人群登上了游轮。游轮上人头攒动，拥挤不堪，我担心孩子的安全，便紧紧地攥着他的手不松开。我能清晰地感受到他手上传递出的力量，他也将我的手攥得紧紧的，仿佛在这拥挤的人群中，彼此的手就是最坚实的依靠。

我们来到了游轮的最顶层，倚靠在栏杆旁，感受着微风的吹拂。黄昏时分，黄浦江水被船体催动，泛起层层波浪，急速向前奔涌而去。

三年前，我也曾来过这里。那时，我只身一人在夜晚登上轮渡，默默无语地望着两岸璀璨的灯火，心中涌起浓浓的思乡之情。于是我拨通了视频电话，与家人聊了起来。那时铭泽还小，听着他在电话那头细细碎碎的提问，我的心里顿时温暖了许多。而今天，我们父子俩一同站在轮渡船头，欣赏着眼前的美景。海鸥在江面上不停地盘旋，啄食着游客们抛撒的食物。铭泽就紧紧地依偎在我的身旁，我能真切地感受到他身体所传递出的温暖，那是一种无法言喻的幸福。

"爸爸，你看，大雁排成了一字！你快看！"铭泽兴奋地指着天空喊道。我抬眼望去，果然如他所说，一群大雁正往北飞去。它们一会儿排成"人"字，一会儿排成"一"字，队伍中的每一只大雁都紧紧跟随，整齐有序。雁阵从我们头顶飞过，那轻快的身影很快便消失在了视野中。

"爸爸，这不是冬天吗？为什么大雁会往北飞？"铭泽疑惑地问道。我忽然想起，今天是农历腊月二十，今年的立春应该是从腊月二十六开始吧。正所谓"春打六九头"，鸟儿们似乎早已得到了春天即将到来的消息，它们早早地踏上了迁徙的旅程。我想，它们应该是从湖南的雁荡山一路往北飞来的吧。今天有幸看到它们，不知道它们飞了多少个日日夜夜才抵达这里。这千里迢迢的路途，必定布满了艰难险阻，途中会不会有猎枪的威胁，会不会有捕鸟网的陷阱呢？它们的栖息和觅食也不会一帆风顺，一切都充满了变数。然而，它们却丝毫没有停下前行的脚步，心怀希望，勇敢地飞翔着。当它们到达北方时，迎接它们的或许就是那春暖花开的美好景象。

"爸爸，你在想什么呢？"铭泽的声音打断了我的思绪。"没有，没有。"我没有继续说下去，我想，即便我说了，他可能也无法完全理解。

黄浦江的风确实很冷，我蹲下身，将铭泽紧紧地抱在怀里，然后轻轻地为他戴上了羽绒服的帽子。

登上东方明珠塔，我们俯瞰着外滩的夜景，璀璨的灯光将这座城市装点得格外美丽。乘坐地铁回到酒店时，已经是夜里8点40分了，我们俩都饥肠辘辘的。街边有一家火锅店，铭泽提议去吃火锅，我欣然答应了。

店里只有两桌客人，显得有些安静。铭泽坐在我的对面，我点了他喜欢吃的吊龙和玉米，又点了牛肚儿和一瓶啤酒。不一会儿，火锅的热气升腾起来，弥漫在整个小店中。我不时地把他喜欢吃的菜夹到他的碗里，他也懂事地把我喜欢的菜夹到我的碗里。铭泽看着我，认真地说："爸爸，等我长大了，我再陪着你来这里吃火锅，这火锅真好吃。"

从今年3月到现在，经历了风风雨雨，那些曾经的艰难都已成为过去。而今天，有小儿子陪在我身边，在上海的这家小火锅店里，共享这温馨的时光。一张方桌，摆满了有荤有素的美食，也盛满了我和儿子之间的感动与温暖。

教育的契机

教育孩子，宛如在时光的长河中耐心垂钓，需要等待一个恰到好处的时机。而那一滴饱含自省的泪水，恰似河底珍贵的明珠，唯有在合适的教育契机下，才会从孩子的内心深处缓缓溢出。

开学的第一周，校园里弥漫着新学期的紧张与期待。我秉持着严格的管教原则，在班会中探讨了学生们最为敏感的话题——手机。或许是触及了他们内心的敏感地带，一场家庭风暴在王同学的家中悄然爆发。家庭会议上，孩子情绪失控，歇斯底里的争吵声打破了原本的宁静。而这份怒火，如同决堤的洪水，顺着网络的管道，发泄在了微信朋友圈里。那些不堪入目的脏话，直直地指向了我，仿佛一记记重锤，敲击着我的尊严。

当这条信息被办公室的老师传递到我这里时，愤怒如同熊熊烈火，瞬间在我心头燃起，难以遏制。我迅速地将截图发送给了王同学的父母，心中满是对孩子行为的不满与愤慨。然而，王同学母亲的反应却出乎了我的意料。她的语气异常淡定，在冷静的叙述中，隐隐透露出一丝为孩子辩解的意味。她似乎觉得，孩子虽然有错，但不过是情绪过激、言辞不当罢了。而孩子的父亲则截然不同，他愤怒得如同即将喷发的火山，几乎要跳起来，对孩子施以严厉的惩罚。两位家长截然不同的态度，如同两条相交的直线，在教育观念上的巨大差异，注定会引发家庭内部的矛盾与纷争。而我，虽然自认为没有太多过错，却也不得不承认，自己或许就是这场风暴的导火索。

那一刻，我陷入了沉思。作为老师，我是否应该放下身段，以更包容的心态去面对这个犯错的孩子？毕竟，他还只是个孩子，在成长的道路上，难免会迷失方向。我决定抓住这个机会，尝试着引导他认识到自己的错误，哪怕只能带来一时的转变，也是值得的。

在与王同学的父母进行了深入且坦诚的沟通后，我们达成了一致意见。他们承诺会教育孩子，让他深刻认识到问题的严重性，并鼓励他主动向我道歉。同时，我们也希望孩子能够将注意力转移到学习上来，重新找回前进的方向。

周日的夜晚，寂静而深沉。我收到了王同学通过他妈妈微信发来的文字。字里行间，虽然仍能感受到一丝稚嫩与倔强，但也透露出他对自己错误的反思与懊悔。我知道，这是一个好的开始。

接下来的一周，王同学的表现还算规矩，仿佛是暴风雨过后的平静。然而，平静的湖面下，往往隐藏着汹涌的暗流。

距离那次事件过去了两周，语文课上，一切都进行得还算顺利。当起立的口号响起，同学们齐刷刷地站起来，向老师致敬。然而，我的余光却捕捉到了一个不和谐的画面——王同学依然端坐在那里，佯装出弯腰点头的样子，试图蒙混过关。

怒火再次在心中升腾，但这一次，我看到了其中蕴含的教育契机。我决定再与他进行一次深入的交流，让那次事件的影响再次发酵，促使他真正认识到自己的问题。

我把他叫到教室外面，与他对视。那一刻，他的眼神中闪过一丝慌乱，显然他已经意识到了自己的错误。他开始喋喋不休地解释着，试图为自己的行为找借口。我打断了他的话，严肃地质问道："为什么在老师下课后，你不肯起立送老师？是不是对老师有意见？还是有其他特别的想法？"他的眼神中充满了胆怯，不停地道歉，声音中带着一丝颤抖。

我知道，这是一个让他重新审视自己的好机会。我从他这次不遵守课堂规矩的行为说起，逐步深入到他在家中的随心所欲，对作业的自我放纵，以及对父母态度的不当之处。我告诉他，他对父亲的言行过于激烈，对母亲的细心呵护却不屑一顾，这样的行为不仅伤害了父母的心，也破坏了家庭的和谐。我语重心长地说："孩子，你为什么不能成为家庭的黏合剂呢？在家庭中，你有着重要的责任，你的一言一行都影响着家庭的氛围。"

接着，我又谈到了他在学校的表现。我告诉他，在我眼中，他从来都不是一个一无是处的坏孩子，尽管他以前的言行有些过激，但我从未放弃过对他的期望。我看到了他开学以来的进步，那些努力和改变，我都记在心里。我希望他能够正确地定位自己，成为一个有责任感、懂得尊重他人的人。我鼓励他，不仅要成为家庭的骄傲，也要成为成就老师的学生。

说完这些，我转身准备离开。就在这时，我看到了他脸颊上滑落的泪水。那泪水，如同清晨的露珠，晶莹剔透，饱含着他内心的触动与反思。我知道，这次的教育或许已经在他心中种下了一颗改变的种子。

故事还在继续，未来的路还很长。我不知道王同学是否能够真正地改变，但我愿意相信，只要我们给予他足够的耐心和引导，他一定能够在成长的道路上找到属于自己的方向。而我，也将继续在教育的道路上，等待着下一个教育的契机，去点亮更多孩子心中的那盏明灯。

做学生，努力的样子最美

此刻，窗外一片寂静。深秋时节，校园更显冷寂。窗外那高大挺拔的水杉树，犹如威武的士兵，静静地伫立着，沉默不语，散发着一种坚毅的力量。晚饭后，我在校园中闲步，水杉树旁的铭牌在微光中隐隐闪现。走近细看，上面记录着水杉的相关信息，而水杉的树语——顽强，更是深深地触动了我。

翻开书卷，我的思绪不禁聚焦在一个重要的话题上：如何引导学生努力求学？在当今社会，这个话题无论是与学生深入交流，还是与家长探讨商议，都显得尤为必要。我们深知，学校教育与家庭教育犹如车之两轮、鸟之双翼，只有两者有效结合，才能助力学生健康成长，培养他们积极乐观、努力向上的品质。倘若其中一方背离了教育的初心，那么学生就难以像窗外那坚韧的水杉一样茁壮成长，即便一时能够维持，最终也可能在成长的风雪中被轻易摧毁。

陶行知先生曾写道："大凡生而好学为上，熏染而学次之，督促而学又次之，最下者虽督促不学。……总起来说：一、好学的教师同学，二、可学的工具，三、必学的督促，是我认为引导学生努力求学的要件。三者俱备，多数学生当不致骛外了。"先生的观点明确而深刻，他指出，在现实中，纯粹生而好学的人少之又少，大多数学生都需要借助熏染和督促的双重力量，才能更加积极地投入学习中。

所谓熏染，涵盖了多个方面，有师者的言传身教，有同学间的相互影响，更有家庭环境潜移默化的影响。然而，当前的学校，这个本应纯粹育人的地方，却承载了过多的社会功能。各个职能部门那些无法通过社会体系完成的任务，一股脑儿地都通过学校向家庭渗透。不得不承认，为了孩子，家长们往往愿意承受各种压力。因此，为教师减负，为教育减负，让教师专注于专业育人之事，显得尤为迫切。

那么，在教育过程中，哪些事情是教师该做且必须做好的呢？以读书为例，仔细想想，在一所学校里，能够真正静下心来读书的教师有几个呢？且不说他们读书的类别和内容，单是能在学生面前端正地读书，营造出浓厚的读书氛围，进而影响学生爱上读书的教师就为数不多。原因前面已经提及，并非教师们不想读书，而是在繁重的工作压力下，他们没有时间，也难以静下心来。

我作为一名语文教师，自认为在读书方面还算勤奋。语文的阅读与积累对我来说，是无时无刻不在进行的事情。我常常选择一本好书，与学生一同进行整本书阅读，并精心设计必要的读书活动。通过这些活动，学生能够在读完书后进行分享，尽情展现读书带来的快乐。我想，这是一种非常好的方式。用表现性评价来检验读书的效果，远比单纯的书面测试更能激发学生的阅读兴趣和动力。

今天听孔屏教授讲课，她分享了自己教化学时的独特做法。她让学生自己给自己的化学测试打分，想打多少就打多少，教师不进行干涉，只是全身心地投入教学。最终，她所教的学生没有一个不及格的。现在细细品味孔教授的做法，着实充满智慧。教师没有对学生提出苛刻的要求，而是传递出对学生最大的信任和鼓励，让学生在这种信任中建立起自信心，在潜移默化中明确自己的学习目标和方向。同时，这种做法还创设了和谐的师生关系，营造了轻松愉悦的学习氛围。试想，这些因素哪一个不是提高教学质量的必要条件呢？这种看似无招的教学方法，实则胜过千般招数。让学生自己写分数，远比教师逼迫学生学习、追求分数的效果要好得多。

简而言之，要让学生努力求学，就需要通过多方面的熏染，引领学生进入学习的情境，同时调动各种积极因素，激发学生的内在驱动力，这样才能让学生不断向上发展。

可学的工具也至关重要。在当下这个过于追求分数的时代，一些学校为了所谓的高效率，往往将演示实验等耗时费力但却能让学生亲身体验知识形成过程的环节舍弃，变成了单纯的教师讲授和知识传达。这种做法细思极恐，教师不再引导学生去体验知识的形成过程，而是生硬地将知识灌输给学生。学生就像一个个容器，被强行塞满知识，至于这些知识在课后是否会从容器中弹射出来，结果可想而知。因此，学校和教师应该提供一切有助于学生学习的工具，帮助学生理解知识，亲身体验知识的形成过程，从而实现知识的生成与巩固。

此外，恰当的督促是保证学习顺利进行的必要条件。在这里，必须要强调一下考试的重要作用。没有考试，就无法准确评价学生在近段时间内的学习表现；没有评价，学生学习中存在的问题就难以暴露出来。因此，适时或不定时地进行考试，对于发现学生的问题、促进学生的学习，作用还是非常明显的。

我的学校观

参加培训的这一周，聆听专家报告、沉浸于书卷之中并不断反思，让我收获颇丰，思考也随之愈发深刻。

这次培训有幸聆听了青岛即墨二十八中校长李志刚先生的精彩报告。李校长幽默风趣，谈及学校管理时，他从容不迫，对学校的大小事务了如指掌，侃侃而谈间，尽显齐鲁教育名家的卓越风范与深厚底蕴。李校长以丰富翔实的实例，深入浅出地为我们阐述了作为一名校长应着重关注和做好的几个关键方面：家校合作、教师发展、教学中心以及以学生为本。在报告中，李校长反复强调，要积极主动地影响家长，赢得他们对学校的充分认可与坚定支持。

回想暑假的名师培训，王主任曾布置任务，让我们思考个人的教学观、学生观等相关内容，至今我仍没有思绪。恰逢此次培训，我便借此机会，先对自己的学校观进行一番思考。记得陶行知先生在其文章中对学校观有着这样深刻而独到的表述："一、学校以生活为中心。二、学校是师生共同生活的处所。他们必须共甘苦。师生共同生活到什么程度，学校生气也发扬到什么地步，这是丝毫不可以假借的。三、学校教职员必须虚心，学而不厌。四、学校生活只是社会生活的一部分。学校生活是社会生活的起点。五、我们要学校生活（生）长得敏捷圆满，就得要把他放在光天化日之下。"

细细品味先生的话语，他从学校生活的诸多要素入手展开阐述，涵盖了教师、学生、师生关系、教职员工、教学过程、学校生活以及教师工作生活等多个层面。而我所理解的学校观，实则是对学校教育生活的一种精准定位。现基于先生的表述，将我的学校观阐述如下：

第一，学校应是师生和谐相处、共同进步、互促互长且充满爱的温馨家园。校园乃一方净土，虽也是社会的一部分，但因其有特定的教育对象以及教育对象的年龄特点，所以决定了学校的性质相对纯粹。相较于复杂的社会，学校更应保持这份纯粹。作为校长，应致力于让学校回归本真，将单纯的教学工作确立为学校的核心任务，把育人作为重要的办学方向，以纯粹的师生关系作为连接学校各个要素的坚实纽带。在教学过程中，教师与学生相互学习，携手共进，共同成长。让师生在单纯的生活与学习中感受教育植根于爱的温暖，使学校的每一个角落、每一个时刻都洋溢着爱的气息，成为育人的摇篮，成为学生美好生命旅程的起点。

第二，学生并无优劣之分，每一个生命都独一无二，值得我们致以最崇高的敬意。我们应善于发现每一名学生的特质，为他们提供帮助，助力其发展特长，实现个性化成长。从生命诞生的那一刻起，智商便存在差异，这是每个生命个体无法自主选择的客观事实。但每一个生命的降临，都彰显着其强大的生命力，我们必须尊重每一个独特的个体。当学生走进学校接受教育，教育的核心目标便是培养人、发展人，成就其美好的人生。因此，我们不应区别对待学生，而应因材施教，正视学生之间的差异，实施适度教育，让每一名学生都能在学习过程中收获快乐，在得到肯定中感受幸福，从而快乐成长。

第三，要用教师的发展推动学校的发展。教师是学校教育中最活跃、最具创造力的因子。我们应将教师视为并肩作战的战友、亲密无间的朋友、相亲相爱的亲人，营造融洽的关系、和谐的氛围，使其成为学校发展的强大动力。每一位教师都是学校不可或缺的中流砥柱，我们应摒弃命令式的口吻和呵斥式的复盘方式，尊重教师的教学个性特点，为教师提供一切可能的发展机会，搭建各种优质平台，助力他们不断成长。尤其要高度重视青年教师的培养，通过各种方式激发他们的创新思维，助力他们早日成为教学能手、名师乃至教育名家。

第四，健康的体魄和良好的行为习惯是学生受益终身的宝贵资本。单纯地追求教学成绩，而忽视学生的身体健康和心理发展，以牺牲学生的身体健康为代价换取成绩，是不妥且短视的行为。在教学过程中，我们应注重培养学生良好的日常行为习惯和生活习惯，让他们在阳光下茁壮成长，在阅读中汲取知识、涵养心性。我们要时刻关注学生的生命成长，将长远的爱贯穿于他们生命的全过程。

第五，公平、公正地对待每一位师生，让学校的一切事务都在阳光下公开透明地进行。唯有如此，才能有效避免不良风气的滋生，防止思想堕落，营造风清气正的校园环境。

第六，以一颗善良的心对待每一个人，真诚相待，让温暖与善意在校园中传递，构建和谐美好的校园人际关系。

第七，坚持减负提质的理念，将提升教学质量的重心牢牢锁定在课堂这块主阵地上。坚定不移地推进课堂教学改革，狠抓教师教学思想的转变，确立以学生学习为主体的教学理念，着力培养学生的学科思维，注重实践教学，紧密联系生活实际，切实提高学生解决实际问题的能力。

以上便是我对学校观的一些思考与感悟，在今后的教育实践中，我将不断探索、努力践行，为打造更加美好的学校教育而不懈努力。

相逢是首歌

——写给孩子们

一年前，走到了这个驿站，
面对空荡荡的教室，我浮想联翩。
我畅想明天会见到一张张怎样年轻的脸。
走进去，转一圈，
用手抚摸崭新的桌沿，
那陌生又熟悉的感觉又回到指尖。
突然想起，
从家乡走到汶源，
60 里路呀，我竟缓缓走了 19 年。
抬头望望这间教室，
没有过多地停留，我将载着星辉往家赶。
那一夜，我竟睡得沉沉，
似乎有某种魔力正左右着我，
让我梦绕魂牵。
熹微的晨光里，
绚丽着丰硕的金秋，
一路奔行，有青鸟，有雨露，

有朝霞与我相伴。
撒欢的车轮载我,
去往崭新的教室,
去往崭新的校园,
去会见那些也已经久盼了的孩子的脸。
后来,我走进了七班八班,
与你们认识与会面是在军训后的几天。
第一次进教室,
我应该瞄了几眼,
一下就盯上了后排的几个"彪形大汉",
而今的教室里他们依然。
那天,应该是谭璟琦,
让我讲到了大宅门;
那天,应该是侯可欣,
被叫起来却有些害羞,喏喏不言;
那天,应该是李执安,
我错把她当作了一个小小的帅男。
如歌的岁月呀,
你行进的是快板,
熟悉的音乐正推着你我,
与日月齐头,忙不顾返。
往事,如此令人回味;
岁月,如此令人"难堪"。
它爬上额头,
染白双鬓,将生活印刻在眉宇之间。
这一年,
行走在勤横班,

驻留课堂，我怎会孤单？
又想起，又想起……
怎么会忘记？
你看，耍起性子的魏俊杰，
常找个小借口的王玉琦，
亦有绘声绘色讲起外教故事手舞足蹈的亓展，
还有，还有常常挨批的课代表，
不知他们是否把我"怀恨"在心间。
岁月呀，如歌行板，
惊喜与欢欣总在交错呈现。
运动会，
我才得知那瘦瘦的贾云斐，
不仅文采斐然，
居然还可以驰骋在百米跑道中间。
还有亓之同、姜子健，
他们竟能将平淡化为神奇渗透于字里行间。
最让我想不到的，
那亓开迪竟将歌儿的美妙演绎得如此让人惊叹。
……
藏龙的八班，
卧虎的勤横班，
未来的日子会有惊喜无限。
而那次，是大家将掌声送给了我这个陶醉读书的人，
让我着实感动到今天，
每每想起，总感觉阵阵温暖。

一切，走过了陌生便是熟识的一天天。

走过了，熟悉而又亲近的一切，

我留不住岁月，

我抓不住时间，

但岁月呀，

你也休想带走勤横班学子带给我的感动与欢颜。

如歌的初一，

如歌的相逢，

来吧，我们手拉手，

走进初中生活的绚烂！

观汶源

十年光阴,弹指之间。
汶源校貌,沧桑巨变。
十载春秋,星移斗转。
汶源精神,砥柱东南。

遥想当年,十人创业。
事无巨细,甘心奉献。
一草一木,汗水浸染。
寒冬酷暑,师生同甘。

春去秋来,特色发展。
生活教育,知行互促。
翰墨书香,浸润心田。
汶源学子,幸福其间。

已历九载,又担重担。
九年一贯,勇于争先。
锐意创新,开创纪元。
为民解忧,汶源垂范。

丙申金秋,新生入校。
政府欢欣,百姓开颜。
攻坚克难,托举梦想。
汶源无惧,谱就华篇。

问道汶源,辉煌何解?
因材施教,个性发展。
植根于爱,团结实干。
师优风正,业精道专。

那年　棋山

星又缀满窗帘，
记忆被塞满！
拥挤了那年的棋山！
玄之又玄！
熙攘的公交车上不管是坐是站，
愉悦写满青春的笑脸。
带上锅碗，
填满春天，
当迎春花开的时候，
我们这群少年，
奔袭到了近前！
生火，做饭，
有几人可把高厨比肩？
当山沟升起丝丝缕缕炊烟，
当忙碌的身影穿梭在沟壑之间，
当烈烈的篝火把美味的午餐烹罢，
你我醉心在山水之间！
啤酒，米饭，抑或是煮熟的鸡蛋，
都吃掉了！都模糊了！

走过了，近二十年！
岩石上自然的照片，
年幼的师妹而今亦师然，
我不敢想，
再过十年，
我们还会不会再重复昨天！
聚聚吧！已经好多年！

教学设计
及教学实录

基于"立德树人　润物无声"情感体验的课例研究与实践
——《送东阳马生序》教学实录

【导入新课】

师：同学们好，翻开历史的画卷，不少仁人志士以勤奋为基石铺就成功路：车胤囊萤、孙康映雪苦学不辍，祖逖呕心沥血、闻鸡起舞，他们的故事激励着一代代人。今天让我们共同学习明代文学家宋濂的作品《送东阳马生序》。读文章时，争取读懂，细读文章可以体会作者求学之路的艰难。（教师板书课题、作者）

【引导解题】

师：大家看题目，这位同学，你来读题目好吗？（教师指名读，教师根据学生的朗读情况给予评价。）下一位同学请你试着说出题目的意思。

生：送给东阳马生的一篇赠序。

师：本文是宋濂告老还乡的第二年应诏到应天府（今江苏南京）去朝见，正在太学读书的同乡晚辈马君则前来拜访，宋濂写给马生的赠序。赠序是序的一种，创于唐初，是临别的赠言，多写些劝勉、鼓励的话语。下面请大家注视投影，听老师朗读这则赠序。听读时，注意个别字的读音。（教师配乐朗读，学生认真听读并及时标画。）

教师指名读第一段中的部分语句，初步体会运用标点断句。

师：文章读完了，测试一下你们的听读效果。看投影上的文章，不难发现句中少了标点，你能不能尝试着读出红色字部分的句子，争取可以正确地断句。

学生自己尝试朗读。

师：哪位同学可以大胆地尝试一下？（教师视学生朗读情况给出评价，提高学生的兴趣，激励学生更好地朗读课文。）

教师检查学生的朗读情况。

师：大家读得怎么样了？请一位同学先来读第一段，谁先来？

生朗读。教师及时板书学生朗读中读错的字，及时引导学生集体纠正，并让学生在书本上标注。

师：谁再来朗读第二段？

【译读课文】

师：文章仅读准、读畅还不够，下面请大家再次迅速地读全文，找出自己不能理解的词句，争取读懂文章。不理解的地方可以问同学、问老师，也可以等一下，我们共同讨论。

学生迅速地默读，标画自己的疑点，教师浏览指导。

教师引导学生质疑问难。

师：下面请大家把自己的疑点提出来，我们共同解决。

教师引导学生相互解答问题或教师直接回答学生的问题。

【整体感知】

师：通读全文不难发现，宋濂是在以自己的求学经历劝勉马生。文中的哪句话可以准确地形容宋濂求学过程的特点？找一找，说说你的理解。

生：盖余之勤且艰若此。

师：找到了就把这句话标画出来。再思考一下，这句话中的哪三个字最具体、最准确？

生：勤且艰。

师：说说意思。

生：1. 勤奋，艰难。

2. 勤奋，艰苦的求学过程和经历。

师：正是这三个字准确地概括了他求学过程的特点（教师板书）。下面请大家细读全文，标画出你认为最能体现宋濂求学"勤且艰"的句子，并从旁记录自己的想法，等会儿说出自己的理由。

学生依据主问题细读文章，及时圈点标画相关的语句，并尝试在相关句子旁边记录自己的理解和想法。

【研读积累】

师：好了，请你说说自己的发现。

生：我推荐"又患无硕师名人与游，尝趋百里外，从乡之先达执经叩问"一句。

师：说说你的推荐理由。

生：他求学要跑到百里外的地方去求师，路途那么遥远，这一定很苦。

师："趋"字的意思是？

生：跑到。

师：不忙定论，我们比较一下上文中的"录毕，走送之，不敢稍逾约"一句中的"走"字，"走"的意思是？

生：跑。

师：是，跑字写出了宋濂还书时的状态，跑去送还有诚信的意味在里边，而在这一句中，他是到百里之外求师，说"趋"是跑到的意思，合适吗？

生：（短暂的思考）不太合适。

师："趋"字在古汉语词典中有这样一个意思："小步快跑，表示恭敬。""趋"字表现了宋濂求师时对名师、先达的恭敬与诚恳的态度。把这个词的意思记录一下。

师：我们接着谈你的发现。

生："先达德隆望尊，门人弟子填其室，未尝稍降辞色。余立侍左右，援疑质理，俯身倾耳以请；或遇其叱咄，色愈恭，礼愈至，不敢出一言以复；俟其欣悦，则又请焉。"这一句体现了"勤且艰"的特点。

师：说说你的理解。

生：这几句话写出了他求师时的艰难，老师的态度不好，而自己还得毕恭毕敬，所以这几句话我标画了。

师：先看文中的几个实词的意思，"或""至"该怎样理解？

生："或"是有时的意思，"至"的意思是周到。

师：大家可以再深入地思考这段话，找一找哪些动作写出了宋濂请教的情景。

生：俯身倾耳以请。

师：哪两个动作？

生："俯身""倾耳"这两个连贯的动作。

师：体会一下当时的情景，与自己的同桌合作模仿一下试试。

学生同桌之间积极地尝试模仿这两个动作。

师：下面我们请两位同学在自己的座位上模仿一下。

两名学生模仿语句中的两个动作，教师根据学生的模仿情况指导评价学生的模仿表演。

师："俯身"的动作宜慢还是快？

生：慢。

师：老师再加个"慢"，慢慢地俯身，凑过来聆听老师的教导才是。我们由动作想朗读，如果要读出这种尊敬和专心，我们应怎样朗读才合适呢？大家试着朗读一下。

学生自己试读。

师：哪位同学试读一下？

教师根据学生的朗读进行评价，可以从语速、语调两个方面来指导。

师：我们再来试试。（指导学生读出自己满意的状态来。）

教师肯定学生朗读的进步。

师：下面请大家自由朗读这一部分，体会作者求师的艰难。

学生自由朗读。

师：这几句话我们已经读了几遍了，老师建议大家把这几句写作者求师艰难的句子背诵并积累下来。前几句写先达的声望与严厉，试想是哪几句？（学生试背）而后是写作者的恭敬和专心请教的状态，大家可以抓住几个关键词：余立侍左右，_____，_____；或遇其叱咄，____，_____，不敢_____；俟其欣悦，_____。大家自己尝试背诵一下。

教师检查学生的背诵情况。

师：我们再来看你的发现。

生：天大寒，砚冰坚，手指不可屈伸，弗之怠。

师：你怎样理解这句话？

生：严寒天气中作者却还在抄书，更体现了作者学习的刻苦与学习的艰苦。

教师板书：抄书难。

师：再接着推荐。

生：手自笔录。

师：作者得到一本书的确不容易，贫寒的家境只得抄书才得以读书学习。（板书：得书难）

生：老师，我推荐"当余之从师也，负箧曳屣行深山巨谷中。穷冬烈风，大雪深数尺，足肤皲裂而不知。至舍，四支僵劲不能动，媵人持汤沃灌，以衾拥覆，久而乃和"一句。

教师板书：从师难。

师：为什么要选这段话？这里侧重于从哪些方面表现"从师难"？

生：这里重点写了求学路上环境的恶劣。他自己在恶劣的天气中仍能坚持求学，这种精神很值得敬佩。

师：你考虑得很深刻，从环境的角度进行分析有利于突出人物形象，请大家听老师朗读这几句。请大家闭上眼睛想象，听完后告诉大家你看到了什么。（教师朗读句子，朗读后给学生短暂的想象和思考的时间。）

师：有感觉吗？想象到什么了吗？

生：没有什么。

师：那我们再听一遍。

生：在隆冬季节，他背着书、拖着鞋子，刺骨的寒风凛冽地吹着。纷飞的大雪掩盖了去路，他深一脚、浅一脚地艰难行走。脚上的皮肤已经冻裂，鲜红的血从裂口处渗出，染红了洁白的雪脚印。

师：这位同学不仅想象丰富，而且也有了自己的创意表达。通过对细节的描绘，写出了脚上皮肤冻裂，想得仔细且周全。老师想问大家：他不是穿鞋子了吗？血怎么会染红脚印呢？思考一下，这样想象是否合理？

学生短暂思考。

生：老师，是"曳"字，"曳"在这里是拖着的意思。

师：鞋子怎么会是拖着的？应该是穿着才对呀？大家想象一下那是一双怎样的鞋子。

生：那是一双不合脚的鞋子。

生：那是一双破烂不堪的鞋子。

生：那是一双露着脚丫子的鞋子。

师：大家谈到的这些确实都有可能，一个"曳"字，一处环境描写，让我们再次看到了那个艰难求学的宋濂的形象。（板书：求学难）

师：一双鞋子足以看到那个家贫的宋濂，文中还有哪些语句也展现了他求学条件的艰苦呢？请大家说一说。

生：余则缊袍敝衣处其间。

师：哪四个字最简明？

生：缊袍敝衣。

师：文中作者除了写自己之外还写了哪些人？

生：同舍生。

师：找到这些句子，我们将这些句子连起来读一下。

生：同舍生皆被绮绣，戴朱缨宝饰之帽，腰白玉之环，左佩刀，右备容臭，烨然若神人；余则缊袍敝衣处其间，略无慕艳意，以中有足乐者，不知口体之奉不若人也。

师：我们将两者放在一起读，你感受到了什么？

生：宋濂的生活条件和别人有天壤之别，他的条件极差。

师：这种写作的手法是？

生：对比。

师：这里作者用恰当而鲜明的对比揭示了自己求学生活的"苦"。让我们也想办法把这处对比的句子记住。我们应该抓住哪些重点动词呢？

生：被、戴、腰、佩、备。

师：看着老师，我们一起回忆一下。（教师运用肢体动作，引导学生回忆一遍。）大家自己尝试着背诵一下。

学生自己背诵句子。

师：我们大家一起来背诵这些句子。

师生齐背。

师：好了，同学们，看板书。作者在文中现身说法地讲述了自己的抄书难、得书难、从师难、求学难，这些"难"在宋濂眼中却不算什么。我们一起找找鲜明表现作者态度的句子，并读出来。

学生读"略无慕艳意，以中有足乐者，不知口体之奉不若人也"。

师：说说这句话的意思。

生：我一点儿也没有羡慕的意思，因为我心中有足以快乐的事情，就不觉得嘴里、身上的享受不如别人了。

师："以"字怎样理解？

生：因为。

师：作者用一个虚词引出了原因，积累这个虚词的意思，并把它记录下来。（学生在书本上记录）作者把什么当作让自己快乐的事情？

生：读书。

师：是呀！宋濂以读书为乐，乐在其中，无论怎样的艰与苦，他都坚持了下来，终于大成，请大家默读下面的材料。

【介绍作者】

教师出示关于介绍宋濂生平及著作的材料。

师：从材料中我们看到了经历艰辛磨难而有大成的文学家宋濂，这也正应了古人的话："宝剑锋从磨砺出，梅花香自苦寒来。"全文虽少有对马生的赞许言辞，但文章却情真意切，相信马生一定会努力。

师：同学们，与宋濂相比，我们今天的学习环境不知好了多少倍。今天大家也读到了这篇赠序，我们读完了文章不也就成了"当代马生"了吗？看完赠序后的你想到了些什么？收获了些什么？下面我们一起给宋濂写一封简单的回信，谈谈自己的收获与心得。请大家注意信的格式。

【实践体验】

学生开始写信。

学生展示自己的回信，教师给予评价。

师：言为心声，相信大家从文章中收获的不仅是知识，更是一种真情。老师也写了一段文字送给大家。教师朗读材料。

下课！

教学反思

鲁教版教材选取了《送东阳马生序》全文的前两段，我在教学设计时力图打破常规教学中仅仅从字词句着眼，只要可以看懂，只要可以识记常用的文言文词语就完成教学任务的思路，力求通过反复朗读，让学生在读通、读懂的基础上真正走进文章的字里行间，真切地感受宋濂艰苦的求学生活。教学设计的前半部分即诵读课义的环节，我选择了删掉标点的课文，意在激发学生朗读的兴趣，并逐步锻炼学生的文言文断句能力。课文读得音准了、字顺了，为理解文章打好了基础。教学过程中，我尝试采用"主问题"贯穿整个教学过程的方法，让学生在整体感知课文的前提下，抓住一条主线步步深入，体味文章的真挚情感，加深对文章内容的理解。文言文学习常难以调动学生的兴趣，而"主问题"让学生有了关注的具体词句，这些也就是我们在教学中应该重点着力的地方。教学中，我采用了比较辨析词意，模仿情景、真切体验，合理想象、由景悟情等方法，尝试通过具体的语文教学活动、合宜的情境创设，让学生可以自主学习、投入地学习。从课堂教学效果来看，效果明显，达到了预期目的。

相同的教案在不同的学生身上体现不同的成效。第二次上这堂课时，我将各个教学环节——展现，但教学效果却与第一次的课堂教学效果有着天壤之别。为什么相同的教学设计却出现了差别甚远的教学效果呢？首先，我只重视教学设计，忽视了学情。不同地区的学生学情不同、素质不同。教师教学时心中应该时刻装着学生，而不是时刻装着自己的教案或者"私心杂念"。其次，思想没有彻彻底底地改变，以学为主才是最重要的。教师的预设不能固守，敢于舍弃、敢于求变，教学中才能真正做到以学为主。教学环节和教学进度应当根据实际情况进行适当的调整，不能只埋头讲自己的教案，要根据学生的实际，站在学生的角度思考和处理教材、进行教学才是。最后，从自身而言，在日常的教学中不能满足于现状，只有不断地学习、积累、尝试、总结、改进，才不致使自己遭遇尴尬。

教学感悟

多年的语文教学工作让我感受到了作为一名语文教师的快乐。勤奋学习、刻苦钻研，我觉得自己已经成为一名合格的语文教师。直到2004年参加省教研室组织的省优质课评选，我才从自己的自满中清醒地走了出来。当时我抽到了《世说新语两则》。清晰地记得自己在备课时没有深入钻研教材，对文中的一个句子没有正确辨明意思，自己错误理解了。张伟忠老师评课时的话语让我如梦初醒。张老师提醒参赛选手不要一味地在课堂形式上、花样上创新，重要的是教师必须对文本有正确的解读，教学要在钻研教材上下功夫，对教材真正地了然于胸才行。听了评课，我无地自容，一直以来的那种骄傲的感觉荡然无存，这次省优质课评选让我知道了自己的教学路应该往哪儿走。从那刻起，我暗暗地告诫自己要做一个在教学中务实、求真的人，做一个以学为主的人。山东省优质课评选为我指明了工作中努力的方向，让我有了飞越的起点。

在日常的教学中，我注意不断地积累资料。每一节课我都当成参赛课来对待，不浪费每一次机会。后来，山东省优质课评选我抽到了文言文，山东省教学能手评选又抽到了《送东阳马生序》，那意味深长的文段、那众多需要积累的文言词语，一起拥挤冲荡在我的梦中。于是我彻夜思索。思索中，捧读张伟忠老师的文章，一条思路渐渐明朗起来，教学中我必须做到以学为主，要真正落实以学定教、先学后教、多学少教、以学论教。我们应当重视学生学习兴趣的激发、重视学习情境的创设、重视学生的体验，就这样，我组织出了自己的教学设计。现在回想起来，如果不是那次参评，如果没有张伟忠老师教学思想的指引，自己的教学水平不会提高，教学效果很难有大的突破。

在整个教学工作中，我认为反思是成长中至关重要的一环。教学活动是一种有缺憾的活动，不断地反思、不断地思考、不断地尝试，我们的教学才会走向心中渴求的那种完美。可以说，是山东省优质课评选和山东省教学能手的评选活动让我得到了锻炼，受到了启发，使得我的语文教学从懵懂走向成熟。从此，我更加读书不懈。我明白读书对学生来说也是一种示范，只有多读书，我的思想才会丰富起来，我才可以在自己的教学实践中不断地探索，形成自己个性化的教学。

基于"立德树人 润物无声"情感体验的课例研究与实践

——《茅屋为秋风所破歌》教学设计

教学目标：

1. 诵读诗歌，了解歌行体诗歌特点。
2. 品读诗句，体会诗人情感，感受诗人的博大胸怀。

重点：感受诗句中饱含的诗人的情感。

难点：理解诗人博大的情怀。

【导入及知识回顾】

同学们好，今天是周日，没能在家好好休息，是不是心中有些不太情愿？紧张吗？老师有一个问题，测试一下你是否紧张，请填空。（板书：今天上课的是一个_____老师。学生思考回答）看来大家还是不紧张的。

今天我们继续学习诗人杜甫的诗歌《茅屋为秋风所破歌》。（教师板书课题）下面，我们请大家结合上一课时所学知识继续填空（教师板书问题：这是一首_____诗。）

【师生交流，学习新课】

对话1：这是一首歌行体的诗歌。

引导1：曾经学习过的歌行体诗歌有哪些？

引导2：歌行体诗歌的特点是什么？学生再读全诗，从句式和用韵的角度思考这首歌行体的特点。引导学生注意七言和九言以及二言的停顿，让学生先读准节奏。

引导3：本诗的特点为以七言为主，并兼有九言和二言；与格律诗相比，形式较为自由，以叙事为主，用韵方面较为自由。（教师提醒学生进行批注。）

对话2：这是一首较长的叙事诗。

引导4：用简短的语句概括诗歌所讲的故事。

对话3：这是一首表达诗人忧国忧民之情的诗。

【研读诗歌，朗读体验】

引导1：哪些句子带给你这样的感受？（自经丧乱少睡眠，长夜沾湿何由彻！安得广厦千万间，大庇天下寒士俱欢颜！风雨不动安如山。呜呼！何时眼前突兀见此屋，吾庐独破受冻死亦足！）诗人忧民，结合文章内容具体说说所忧的对象是哪些人？（天下寒士）他自己是寒士吗？那个时候他的境况怎样？下面请大家细读诗的前三节，结合诗句说说你看到了当时诗人怎样的人生状态。给大家提供三种品析诗句的方法：炼字赏句、由景悟情、合理想象（可以视情况进行举例说明）。（学生活动：自由诵读品析诗歌前三节，结合方法，赏析诗歌，体会诗人情感。）

引导2（赏析第一节）：诗人面对强劲的秋风把屋上茅草吹走，洒江郊、挂罥长林梢、沉塘坳等，情绪应该是沉郁的，更多的应该是一种无奈。重点赏析号、卷、洒、挂、沉五个字，体会风的猛烈和强劲以及茅草被吹得到处都是，诗人面对此情很是无奈。（教师引导学生读出这种低沉、沉郁、无奈之情。）

引导3（赏析第二节）：诗人面对群童盗茅草，自己更多的是无力的状态。（重点赏析：欺、忍、呼不得。）结合背景：此诗作于唐肃宗上元二年（761年）八月。759年秋，杜甫弃官到秦州（今甘肃天水），又辗转经同谷

(今甘肃成县）到了巴陵（今湖南岳阳）。760年春，杜甫求亲告友，在成都浣花溪边盖起了一座茅屋，总算有了一个栖身之所。不料到了761年八月，大风破屋，大雨又接踵而至。当时安史之乱尚未平息，诗人由自身遭遇联想到战乱以来的万方多难，长夜难眠，感慨万千，写下了这篇脍炙人口的诗篇。茅屋对于杜甫而言不仅仅是容身之所，更是这多年来唯一一处可以安定下来的地方。才刚刚有了一个像样一点的家，面对群童盗茅草而去，诗人还是因年迈而无能为力。因此，我们也可以看到当时社会的状态，战乱带给人民的苦难是沉重的。

引导4（赏析第三节）：诗人面对连夜的秋雨给家庭带来的苦难，这一夜应该是难熬、难挨的，甚至很无助。（重点赏析：布衾冷似铁、屋漏无干处、雨脚未断绝。在这样的境况之下，诗人作为一名父亲、一家之主、一个家境贫困之人、一个仕途多舛之人，他倚在床头在想些什么？）引导学生想象诗人的心理活动，体会诗人无助的状态。

引导5（赏析第四节）：诗人在人生无奈、无力、无助之时却展现自己无私而博大的胸怀，推己及人。（重点赏析：安得、大庇、安如山、死亦足。）先指导学生朗读这一节，然后指导学生读出层次，品析"呜呼"的语气。结合阅读资料体会诗人推己及人、无私宽广的胸怀。

【课堂总结，阅读推荐】

引用《品中国文人》中的语段。刘小川说："纪念杜甫，记住苦难。杜甫半生流离，却从未停止歌唱。我读杜诗的印象是，每到沉郁之处，就有一股力量令人昂起头来。这力量来自孔子、屈原、司马迁……也来自广袤的大地，来自生机勃勃的山水、不屈不挠的民间。"……"先天下之忧而忧，后天下之乐而乐。""天下兴亡，匹夫有责。"一代代中国文人向世人展现了自己宽阔的胸襟、博大的胸怀，推荐大家阅读《品中国文人》。下课！

基于"立德树人 润物无声"情感体验的课例研究与实践

——《大雁归来》教学案例

【第一课时】

1. 学生观看大雁的相关图片，并组织学生结合自己的生活经验谈自己的认识。

2. 学生自由朗读课文，完成下列任务：标好段序，用笔标画文中的生字、生词。

3. 组织学生整体感知文章的内容，要求与单元前面的文章作对比，谈对文章的看法。学生畅谈自己在读文章过程中的发现。

4. 字词教学：读一读，写一写，利用工具书和注解对文中的字词正音、释义。

5. 课文内容初探：读全文，找出自己发现的关于大雁的信息。学生先自己搜集、总结，再与同组的同学交流。

6. 同学之间交流在信息搜集中的感受。

7. 布置作业：

（1）搜集关于大雁的相关信息，并在全班交流。

（2）在课外自由朗读课文。

【第二课时】

1. 教师组织学生交流上一课的问题。注意在学生发言时引导其说出相关的句子和段落，并试着让学生朗读相关段落。

2. 交流搜集中的发现和心得：

（1）在抒情中慢慢地讲述。

（2）作者饱含对大雁的喜欢和深爱。

3. 教师组织学生探究：作者是怎样把自己对大雁的感情融入字里行间的？你在文中是否发现了这些饱含感情的句子？

（1）学生自主学习，并在课文中标注自己的感受。

（2）小组间合作，交流各自的搜集结果。

4. 全班学生共同交流，教师引导学生通过有感情地朗读和品味课文，体会作者的感情。

5. 小结语言朗读、揣摩的经验，并进行仿写练习。

6. 教师总结收束全文，并集体探究文章结尾语句的含义。

7. 布置作业：书写秋天，融入自己的感情。

教学精彩片段

没有想到一堂《大雁归来》让我受到了那么多启发，使我对我们的语文教学有了新的想法，有了新的思路。在课后我不禁想把这种新的想法和思路与自己在课堂上的快乐跟大家分享。

《大雁归来》的作者是美国著名环保主义者利奥波德。第一次读这篇文章的时候，我并不太喜欢，总觉得作者没有把大雁的知识告诉学生。第一节预习课我让学生们读了文章，他们的反应也很平淡，没有像学习前面的文章一样兴趣盎然，当然也没有像我那样不喜欢，但是学生们为什么反应很平淡呢？我问："同学们，读了这篇文章，你们有什么感受？说说你们的想法，好吗？"学生开始交流起来，大家你一言我一语地议论开了。学生吕奎说："老师，怎么读这样的文章我总有些找不到头绪呢？也不知道怎样去梳理文中作者想告诉我们的知识。"我有些庆幸自己的感觉是正确的,对利奥波德的批评的话语刚要说出口时,学生周冰说:"老师,文中讲到的知识很零乱,我不知道该怎样去收集它们。"我像是得到了更肯定的答案一样,准备好好"批一批"这位作家,为什么要写出这样的文章来让我们的学生看不懂。突然间,班中一位较为细心的女生刘莹站了起来,说:"老师,我觉得利奥波德像是一位饱含爱心的爱鸟人,文章写得是乱了一些,但是我似乎能从文中感觉到他在字里行间流露出的对大雁的一种热爱,但是我又找不到、感觉不出它们在哪里,您能帮助我吗?"我准备好了的话一下子说不出口了,硬是被她的话堵了回去。再问问其他的同学,也有很多人赞同刘莹同学的想法。课上我们又把文章读了一遍,让学生借助工具书扫清了文字障碍,一节课就这样过去了。

  回到办公室,那位女生的话始终在我的脑海中回荡。她说的话是真的吗?难道是我不够耐心?我静静地坐了下来,又认真地读起了文章:"一只燕子的来临说明不了春天,但当一群大雁冲破了3月暖流的雾霭时,春天就来到了……一触到水,我们刚到的客人就会叫起来,似乎它们溅起的水花能抖掉那脆弱的香蒲身上的冬天。我们的大雁又回来了……在这种每年一度的迁徙中,整个大陆所获得的是从3月的天空洒下来的一首有益无损的带着野性的诗歌。"读了几遍,是的,学生说得没错,我触到了那种热情,我触到了利奥波德的那颗浓烈的充溢着对大雁之爱的心……思考着,漫想着,心中倒是越来越明朗了起来,下节课的上课思路慢慢地明晰了起来,不妨在课上和学生再聊聊这篇文章。

  第二堂课就在这样的思路中开始了。我在开始的时候试图让他们通过读文章了解课文的内容:"同学们,再读一遍课文,看看利奥波德都告诉了我们哪些关于大雁的知识,找到了就用笔标画出来,并和自己的同学交流,好吗?"学生们活动起来了,你说我听,我讲你评,他们竟然对大雁这种未曾了解过的动物如此感兴趣。轮到学生们发言了,他们的想法让我吃惊,孙静说:"老师,我认为大雁是春天的使者,没有任何动物比大雁预报得更准确。"此话一出,很多同学都在响应,我请大家阐述理由,陈怀远站起来说:"老师,文章开头第一段话,我从中读出了作者由衷的喜悦,我想读一下,给大家读出我的这种感受,可以吗?"他读完了,掌声响了起来,我听出了他的前轻后重:"春天 / 就 / 来到了。"他把作者的感情读了出来。我让其他的同学也试着读读。同学们读了起来,那种真情的朗读我感受到了,我更不敢怠慢,抛出一句:"找到了大雁的相关知识,相信你们也从中读出了作者的爱心,是吗?谁还可以把自己的想法告诉大家?"话音未落,王丽双站起来说:"文中的第四段,作者运用了拟人的修辞手法描写了大雁寻找生活场所的过程。它们试探性地盘旋,曲折地穿行,慢慢地滑翔,找到了适宜的住所,它们触到水面,刚到的客人叫了起来,似乎在兴奋地表达内心的喜悦。作者细致地观察,他把自己也融进了大雁群,来到了池塘的边上,与它们共同欢乐。他观察得实在是太仔细了。"同组的焦守振同学站起来补充说:"一句'溅起的水花能抖掉那脆弱的香蒲身上的冬天'让我看到了大雁才是真正的春天的使者,利奥波德用自己的爱心赋予了大雁这样的灵动,我很喜欢。"我还能说什么,他们分析得那样透彻。我有些激动,接着说:"同学们,这样用心书写的文字,我们为什么不美读一番呢?"学生们你出谋我划策,这里该轻些,那里该重些,他们认真地读了起来,似乎在朗读中没有了我的存在。他们在读中品味、在品味中享受着这位外国人带给自己的知识和乐趣。越读,发现就越多,学生们又开始交流了,发言还在进行之中。张旭说:"老师,大雁们还是一群活泼的住校生,那种景象像是夜晚我们的宿舍。"同学们都笑了起来,我也好奇地问:"你说说看!"他接着说:"文中的第九段写了夜间的雁群。它们有的在嬉戏,有的在水中舞蹈,最后还是雁王发出了深沉的叫声,孩子们才乖乖地休息了,但是它们中间还是有调皮的一帮仍在夜话,这景象让我想起了我们宿舍。利奥波德可真是一个肯付出的人,那么美好的夜晚都让他这个有心的人赶上了,我真的也想有那么一个美丽的夜晚,跟美丽的大雁一起说悄悄话。"同学们笑了,快乐了,忘记了这是在课堂之中,我也放松了。"同学们,你们的精彩发言让我看到了作者在文中融入的真情。你看它们寻找事物被作者写成了到玉米地中的旅行,这也很有意思,不是吗?"刚想发挥,不料又有学生站了起来,栾斌说:"利奥波德爱它们,并且为它们辩护,它们并非偷玉米,而是正大光明地靠自己的劳动来获得食物。它们是利奥波德眼中凋零的树叶,它们是利奥波德眼中亲昵的人群,它们伸出自己的双脚来欢迎他。这就是利奥波德对大雁的喜爱之情。"学生们把关于大雁的知识都找出来了,大雁的群居、大雁的迁徙、大雁的外表、大雁的团结、大雁的联合……在朗读中,学生们学到了知识,课文似乎没有什么可以交代的了,我的教学任务好像完成了,我也该给他们总结全文了。这时,又是刘莹站了起来,说:"老师,我可以总结今天的课堂吗?"我被她的勇气征服了,默许了。"雁鸣是诗,而且是纯天然的诗,它们的叫声有自己独特的个性,这种鸣叫给我们带来了许多,我向大家推荐课文结尾的一句话,希望大家可以喜欢。"铃声响起了,我愉快地走出了教室,我不知道孩子们留住了什么,我想他们不只留住了知识,更留住了一种真情。

教学反思

一堂普通的课引起了我的思考:我们教师在课前的种种预设,试图在自己设计好的思路下引导学生达到学习目标。实际上不如多倾听学生的心声,从他们的需要和想法入手去组织我们的课堂教学,这样既能满足学生的需求,又让学生获得了学习的快乐。在课堂上和学生边交流漫谈边引导,会改变课堂呆板的局面;让学生在读中体会,在自主参与中获得知识,从而掌握科学的学习方法,养成良好的学习习惯,学生将会受益匪浅。我们为什么不放下固有的模式,走到学生中与他们共同进步、共同收获呢?

基于"立德树人　润物无声"学生疑难与困惑下的课例研究与实践

——《记承天寺夜游》教学实录

【导入新课】

师：上课！

生：老师好！

师：同学们好！昨天晚上的月亮什么样？看见了吗？（投影）

生：看见了。

师：美吗？

生：美（部分学生说不美）。

师：（指名回答）这位同学，你说，美不美？

生：美。

师：请坐。同学们，跟930年前承天寺的月亮相比，哪个美？

生：承天寺的月亮美。

师：大家也感受到了那轮月亮的美丽。那轮明月带给了苏轼一个不同寻常的夜晚，成就了千古美文《记承天寺夜游》（教师板书课题、作者）。读读题目！

生齐读"记承天寺夜游"。

【困惑质疑】

师：你有什么问题要问吗？（学生短暂思考）

生：为什么会是夜游呢？

生：他晚上都干了些什么？

生：他为什么要出去夜游？

生：他为什么要选择去承天寺夜游？

师：是呀，他为什么不到五台山，而要到承天寺去夜游，是吧？

生：和谁一起？

师：同学们，大家单看题目就提出了很多直观的问题，我们梳理一下，主要是苏轼为什么记承天寺夜游。今天，我们就走进美文，诵读，玩味，解解这个谜。

师：老师带来了原本的《记承天寺夜游》（出示投影：删掉标点的文章）。

投影一：

元丰六年十月十二日夜解衣欲睡月色入户欣然起行念无与为乐者遂至承天寺寻张怀民怀民亦未寝相与步于中庭庭下如积水空明水中藻荇交横盖竹柏影也何夜无月何处无竹柏但少闲人如吾两人者耳

教师指名朗读。生朗读课文。

师：看来你预习得不错，非常好，音读得也很准，坐下！哪位同学再来试一下？男同学有没有想挑战一下的？

学生朗读课文。教师板书：遂 柏。

师：看来你有些紧张，前面读得很流畅。这位同学，纠正两个字，这个字读什么？大家告诉他。

师：刚才朗读，哪两句话读得有些磕绊？

生齐答：何夜无月？何处无竹柏？但少闲人如吾两人者耳。

师：请大家把这一句准确地朗读出来。

师与学生共读"何夜无月？何处无竹柏？但少闲人如吾两人者耳"一句。

师：读得不错。同学们，我们看带标点的课文，大家一起朗读一遍。

师生共同朗诵课文。

师：请同学们再自由地朗读一遍。

学生自由朗读课文。

【译读课文】

师：好了，同学们，学习文言文，我们不仅要读准字音，读得顺畅，还要读懂文章，下面请大家再次读全文，结合注解和手头的工具书，把文章的大意疏通一下，不理解或者不明白的地方可以问身边的同学，也可以及时向老师提问。如果你实在不能解决，几分钟之后提出来，我们大家一起交流，开始。

学生迅速默读，标画自己的疑点，教师浏览指导。

师：同学们，把问题归结一下。

【质疑问难】

师：好了，把自己的疑点提出来吧。

生："盖竹柏影也"中的"盖"是什么意思？

师：哪位同学告诉她？

生：应该是"原来是"吧！

师："原来是"，这个意思比较恰当，作一下记录。

师：接着提出自己的问题。

生："但少闲人如吾两人者耳"，"者耳"一词是什么意思？

师：其他同学帮助一下。

生："者"的意思是"……的人"，"耳"是"罢了"的意思。

师：看来你的文言文知识积累非常丰富。

生："盖竹柏影也"一句中的"也"是什么意思？

师：老师告诉你，"也"一般用在句末，是语气词。

师：（出示投影）同学们，看投影，解释句中红颜色的这些词。

投影二：

月色入户　门

欣然起行　高兴的样子

怀民亦未寝　也

盖竹柏影也　原来是

生："月色入户"这一句的意思是月光照进窗户。

师：他的意思是说，"户"是"窗户"的意思。

生："户"应该是门。

师：比如"足不出户"中"户"的意思是？

生齐答：门

师：户就是门的意思。看第二个红色词"欣然"。

生：高兴的样子。

师：第三个，"亦"。

生齐答：也。

师：第四个，这个刚才我们说过了，大家一起说！

生齐答：原来是。

师：现在文章大意大家大体读通了，那么苏轼为什么记承天寺夜游？

【研读批注，交流展示】

下面请大家再次细读文章，找寻相关的语句，思考并从旁作出批注，4分钟之后，我们交流解解这个谜。开始。

师：完成自己现在所作的这处批注就可以停下来了。

师：同学们，谁先来解这个谜？男生先来吧。

生：我找的是"解衣欲睡，月色入户，欣然起行"。他看到了月亮，就想到了出游。

师：你用简单的话告诉我，他为什么选择出游？（板书：月）因为月，是吗？

生：对。

师：刚才我听你读"解衣欲睡"的时候，这样读"解——衣欲睡"（模仿学生读），你能说说你为什么要这样读吗？你想表现苏轼当时怎样的状态？

生：犹豫。

师：说说你的理由。

生：他想睡觉，但看到月亮之后，又想着能不能出去欣赏一下外面的景色。

师：当时苏轼的生活状态是怎样的？同学们看投影。（出示投影）

投影三：

元丰二年，也就是作者写此文的四年前，苏轼被诬陷用诗诽谤朝廷，被捕入狱后获释出狱。虽保得一命，但被贬至黄州做了一个无实权的团练副使的小官，不仅有职无权，行动还受到监禁。

师：读完了吗？这位同学，你认为当时苏轼的生活状态怎样？用一个词形容一下。

生：曲折。

师：曲折，他很忙吗？

生：不忙。

师：用一个词形容一下。

生齐答：清闲。

生：苏轼过得特别清闲。

师：（板书：清闲）"解衣欲睡"的时候，就像刚才那位同学读的那样，我们如果想要表现他这种清闲的状态，很犹豫、很矛盾的状态，朗读的时候，语气应该急一些还是缓一些？

生齐答：缓一些。

师：重一些还是轻一些？

生齐答：轻一些。

师：来，我们大家读读试试。我们先缓一点儿：元丰六年十月十二日夜,读——

生齐读:解衣欲睡……

师:大家读得很轻,真像要昏昏欲睡了似的,来,大家再读一遍。元丰六年十月十二日夜,读——

生齐读:解衣欲睡,月色入户,欣然起行。(读得很有韵味了)

师:大家刚才读得很不错,但是大家读得还很轻,再来一遍。

生齐读。

师:这位同学,你刚才为什么把"欣然"这个词读得那么重?

生:我觉得他看到美丽的月亮,心情开朗,才想到要重读。

师:"欣然"是什么意思?

生:高兴。

师:他看到什么这么高兴啊?

生:月亮。

师:这月亮跟苏轼约好的?

生:(笑)不是。

师:这月亮偷偷地溜进来了,是吧?(板书:清闲 遇月)清闲的苏轼遇到了月亮,那当然是一件高兴的事,是吧?既然是高兴的事,怎么也得替苏轼表达一下,"欣然"这个词应该怎么读?

生:读重一点。

师:怎么读重一点?

生齐读。

师:这样,我教给大家一个方法,人高兴时会怎样?头微微地摇,身子别晃,眉往上翘,会心地,愉悦地——

生齐读:月色入户,欣然起行。(很投入)

师:不错!苏轼起行要去干什么呢?我们接着往下揭秘。

生:他要去承天寺找他的朋友张怀民。

师:哪些语句带给了你这样的感受?

生：念无与为乐者，遂至承天寺寻张怀民。怀民亦未寝，相与步于中庭。

师：好，同学们看这句话（出示投影），你的意思是他要去干什么？

投影四：

念无与为乐者，遂至承天寺寻张怀民。怀民亦未寝，相与步于中庭。

生：找张怀民。

师：张怀民是谁呀？

生：苏轼的朋友。

师：同学们，一起来了解一下（出示投影）。

投影五：

张怀民，字梦得。元丰六年被贬黄州，初时寓居在承天寺。曾筑亭于住所之旁，以纵览江山之胜概，苏轼名之为"快哉亭"，并写《水调歌头》相赠。

师：张怀民与苏轼关系怎样呢？

生：同病相怜。

师：谁来给他改改？

生：同"命"相怜。

师：可以握握手了！那这位同学，你说说，你认为苏轼要来干什么？

生：寻找自己的好朋友。

师：寻找一个人，这个人是一个不平常的人，他是什么人？一个朋友。（板书：寻友）同学们，寻友的过程像不像刚才这位同学读得那么简单啊？

生齐答：不像。

师：大家看（投影，红色标的重点字）——从"念"到"遂"到"寻"到"亦"到"相与"到"步"，这个过程应该并不简单。那么大家能不能现在就开始推想、模拟一下，当时苏轼思考的过程、走的过程是什么样子的？或许会给我们的朗读带来一些启示。先自己思考，然后与自己的同桌交流一下。要么说说，要么读读。（小组朗读交流）

师：同学们，我们能不能模拟一下当时的情况？你要么说一下，要么试着读一下。

指名学生回答。

生：我觉得"念"字说明了那个时候苏轼觉得没有可以一同取乐的人，所以决定去找张怀民。

师：也就是说，他经过了很长一段时间的思考，并不像我们读这一个字一样。那你试着用读的方式把这个思考的过程表现一下。

生：念无与为乐者。

师：挺好的，他怎么读的？同学们。

生："念"字读的时候声音拖长，"为乐者"速度稍快。

师：我们按他说的读读。

生齐读，师再读。

师：我学会了，不错！接着呢？

生：然后"遂"是"于是"的意思，想要向承天寺出发了。

师：那这个过程是——

生：比较漫长。

师：你是指从家到承天寺的距离，还是想要到承天寺去的这个念头？

生：从家到承天寺。

师：哪个字是写从家到承天寺的？

生：至。

师：哪个同学还有不同的理解？

生：步。

师：那"遂"字呢？于是就去了，想到了张怀民，马上就去了。这个过程怎么样？

生：他是经过了思考然后决定要去的。

师：是很慢地决定还是很快地决定？

生：很慢。

生：很快地决定。

师：为什么呢？

生：想到有交谈取乐的对象，应该是很快就去找他吧。

师：因为他是同"命"相怜之人，我比较同意快一点。（对另一位同学说）你认为应该慢一点，是吧？不要紧，我们都试试。大家自己读一下。

生自由读。

师：你觉得哪一种比较合适？

学生都认为是快一点。

师：我们一起来试一试，两位同学统一意见。

师先读"月色入户，欣然起行"，生接着读下去。

师：咱们看看后半段，"亦""相与""步"，这几个字词该怎么理解？

生回答不出。

师：后面两个字比较难，是吗？我查阅了古汉语词典，这个"步"是什么意思呢？举足两次称为一步。这是一个义项，第二个义项呢？"徐行"，"徐"是什么意思？慢慢地，"徐行"就是"慢慢地走"。大家认为哪一个合适？

生：慢慢地。

师："相与"是什么意思？

生：一起。

教师拉起坐在第一排的一位学生，边走边引导。

师："步"呢？是什么意思？

生：慢慢地。

师：如果我们用动作模仿来推想朗读的速度，大家觉得朗读这两个词应该慢还是快？表现出两人的什么状态？

生：悠闲。

师：悠闲这个词太好了，那同学们试试吧。我来起头：月色入户，欣然起行……

学生接着读下去，声情并茂。教师板书：悠闲。

师：原来他夜游是为了寻友。

师：谁还有不同的理解，接着往下说。为什么要记承天寺夜游呢？

生：他夜游的目的是赏月。月亮只有晚上有。

师：你能读读他赏月的句子吗？

学生朗读"庭下如积水空明，水中藻、荇交横，盖竹柏影也"。

师：是这句话。我觉得你读得不错，这样，老师给你放音乐，相信你能读得更好。你觉得月色美吗？这位同学，你来描述一下这种美。

生：皎洁的月光洒在地上，像水一样澄澈，水里的……（学生很难形容出来）

师：那位同学还是你！老师给你一段音乐，你再来读读，其他同学，在他读的时候，请大家闭上眼睛，读完之后告诉我你仿佛看到了什么。准备好了吗？（教师播放音乐）

学生朗读。

师：采访一下这位同学，你觉得美吗？

生：美。

师：这就叫美呀？你有什么感觉？

生：我感觉很悲伤。

师：你的乐感很好，音乐的确很悲伤。

师：要不，我们两个再合作一下，我读前面，你着重读这一句，大家再来感受一下，好吗？

生：好。

师朗读：念无与为乐者。

生读：……

师：这位同学，我看你刚才听得很投入，你来说一下。

生：我眼前呈现出这样一幅图——几个古朴的小屋子，有一个很大的庭院；皎洁的月亮如玉盘，点点月光透过竹柏枝叶之间的空隙投射到地面上，就像碎银子撒了一地；竹柏的影子映照在地面上，就像湖水中的藻、荇交叉在一起。

师：这位同学，我注意到你的一句话，你说竹子和柏树的影子就像是湖水中的藻、荇。那么按照你的意思，这句话应该这样改改。（出示投影）大家再读读。

投影六：

（1）庭下如积水空明，其中竹柏之影，似藻、荇交横。

（2）庭下如积水空明，水中藻、荇交横，竹柏影也。

原文：庭下如积水空明，水中藻、荇交横，盖竹柏影也。

生齐读：庭下如积水空明，其中竹柏之影，似藻、荇交横。

师：苏轼当初搞错了，应该这么写，对吧？

生：这应该是文言文中的一种倒装句。

师：这个真不是。（对另一学生）你说。

生：我心里明白，但……

师：很难受，憋在心里说不出来，是吧？感觉改后不好。哪儿不好呢？你再读一读，试一试。

学生自由读这一句。

师：同学们，对于这句话，我又改了一下，你们看。

师：再读读，我按照大家的意思，调换语序，先说藻、荇，再说竹柏，再读读第二句。

生齐读：庭下如积水空明，水中藻、荇交横，竹柏影也。

师：这回行了吧？

生：行……不行。

师：怎么不行？什么原因？

生：说不上来。

师：你再读一遍，试试。

生："水中藻、荇交横，竹柏影也"，这不是很好吗？

师：（指一学生）你说说看。

生：原来是竹柏的影子。

师：对啊。

生：如果去掉"盖"字，竹柏的影子，这样读起来不是很通顺。

师：不是很通顺啊，从外在的形式上来说（指另一个学生），你说。

生："盖"表现出一种惊奇的感觉。

师：他为什么惊奇呢？

生：他本来看着像真的，然后再仔细一看，原来是……

师：噢，原来是那美丽的影子吸引了他，他幸福地享受着，是吧？这个时候，如果是你们，你如果用拟声词，会怎么表示？

生：惊奇。

师：啊，呀，恍然大悟。原来是这样啊！这个"盖"字其实是表现作者的一种什么状态呢？

学生私语。

师：（接说）入迷，陶醉其中，忘我了，说不出来了，高兴地，呀，哦，原来是这样，是吧？

师：真是了不起的发现。读一读，试一试。

生：好。

师：我来给大家起头，相与步于中庭……

学生读"庭下如积水空明，水中藻、荇交横，盖竹柏影也"。

师：盖——

学生接读"竹柏影也"。

师：再来读这句话。

这让我们看到苏轼在特别安闲的状态下，很安静，心无旁骛，投入其中，忘我地赏月。怪不得要在承天寺安闲、宁静地生活、赏月，何其美哉！（师板书）

师：同学们，怪不得苏轼在这样的境况下、在这样投入的状态下，会在课文的末尾发出这样的感叹，读出来吧。

生：何处无月？何处无竹柏？但少闲人如吾两人者耳。

师：苏轼当时就是用大家这样的声音说出来的吗？

学生再读。

师：看投影，观察一下这一句话，结构和内容有什么特殊之处？先看外在形式有什么特别的地方。（指一名学生回答）

生：前面是两个疑问句，后面是一个感叹句。

师：大家有没有注意是什么符号？

生：问号。

师：那么，假如你是苏轼，你怎么咏叹这句话？试一试。

学生试读。

师：你这样读，意在表现什么？

生：……

师：你想表达自己心里一种怎样的情绪？

生：激动。

生：感慨万千。

师：我们用感慨万千的情感再读一读。

学生齐读。

师："何夜无月？何处无竹柏？"这种情绪如果读不完整，好像表现不出来。再看看，老师用红色标出了两个词。

学生读"闲人"。

师："闲人"是什么样的人啊？

生：清闲的人。

师：称"闲人"没错，"闲人"才在这里抒怀呢，对吧？（师板书：闲人 抒怀）

师：请大家看看，我把它改了之后，"闲人"就"闲人"呗，为什么还要添一个"但"字？大家把改后的这句话再读一下。

生齐读：何夜无月？何处无竹柏？少闲人如吾两人者耳。

生：我觉得"但"的意思是"只是"，加了这个"只是"，我觉得是作者的自嘲吧。只有像你我这样的两个闲人才会在这里抒怀吧。如果去掉的话，就少了点情怀吧？

师："自嘲"是吧，我们就是闲人，很清闲的人。那老师给大家一些帮助吧。

教师出示资料，学生默读。

师：看完的请举手。同学们，苏轼在黄州的四年又四个月里，他共写诗220首、词66首、赋3篇、文19篇，而且在这个时期，他为世界留下了他一生中最为精彩的四篇文章：气势磅礴的《念奴娇·赤壁怀古》，赏月感怀而作的《赤壁赋》《后赤壁赋》，还有我们现在学习的《记承天寺夜游》。苏轼在人生最不如意的阶段却创作了如此丰富的作品，我们在此句所传达的清闲的背后还看到作者怎样的精神状态呢？

生：我觉得他是悲伤的，因为何夜无月？何处无竹柏？月亮和竹子就是他和张怀民两人，当时的朝廷不赏识他们两个人，少闲人，我觉得当时没有人能认识他们两个才子。

师：没有人能认识他们两个才子，好比竹子和柏树的影子一样。苏轼有没有就此自暴自弃？

生齐答：没有。

师：他写出了那么多的名作，用个词形容一下。

生：才华横溢。

师：积极乐观，豁达地对待人生中的悲伤。我们给这位同学一些掌声。

学生鼓掌。

师：同学们，就是这样一个清闲的人，偶然遇到了月亮；他悠闲地和一个与自己同"命"相怜的人去散步；他们安闲地赏月。就是这样一个中国历史上伟大的文学家、诗人、文人，却被闲置一隅，所以才承天寺夜游，留下这脍炙人口的著作。现在，请大家起立，一起背诵这篇文章。

学生起立齐背。

师：同学们，苏轼写作此文之后的一年便被调离了黄州，开始了生命中的另一个周期。他在别弟子由的诗中说：他的生命犹如爬在旋转磨盘上的蚂蚁，又如旋风中的羽毛，但他始终心胸豁达，乐观面对，一路走，一路歌。想要更多地了解苏轼，老师向你推荐林语堂的《苏东坡传》、余秋雨的《苏东坡突围》以及田妹的《苏轼》。下课！

课后反思

文言文教学教师究竟要教什么？如何才能让一个个躺在纸上的文字站起来和你说话？"言"是我们要重视的，字字句句，实词虚词逐一抓落实，让学生能理解文意、背诵全文、考出好成绩，这当然是必要的，也是必需的，当然这也正是我们绝大多数语文教师文言文教学的现状。但试想一下，假如我们是学生，假如所有文言文都如此这般地"落实""抓实"，我们还会不会兴趣盎然？谁又能保证这样的文言文教学就是最有效果的教学？所以我们不仅仅要重视"言"，更要重视"文"。张伟忠老师曾经这样强调："文言文教学一定要从文到言、从言到文走上几个来回。光理解言不行，我们的老师要从各个角度，查阅相关资料，彻底了解文本的背景、文章的字词语言等。有了这些东西作基础，老师们就要引导学生把读不懂的地方读懂，把读得浅的地方读得深刻，把让学生模糊的地方变得清晰。""三备两磨"并非一味地追求课堂形式的花样翻新，经过对文本的正确解读，经历对教材的认真钻研，我才渐渐地感觉到了"心中有书"。当凝练的80余字在我的脑海中反复冲荡、一起拥挤之时，在反复的诵读中，披文入境、披文入情，多角度、深层次品读的目标又一次浮现："深入品味，感受遇月之清闲——模拟动作，感受寻友之悠闲；情境想象，感受赏月之安闲——联系感悟，感受闲人之情怀"的思路渐渐明晰。从思路繁杂到条理清晰，从简单的引导到诸多方式帮助，磨课后所呈现的设计，避免了学生对于词语积累的机械记忆，重视了学生获取知识的过程，让学生在深刻的感受中真正地走进了文本。

《孔乙己》教学实录

——汶源学校初中部开放周公开课

【导入新课】

师：同学们好，今天我们继续学习《孔乙己》这篇课文。周日读书，我看到了这样一段文字，请大家读一下。

（投影：《儒林外史》中的选段）落（là）后点进一个童生来，面黄肌瘦，花白胡须，头上戴一顶破毡帽。广东虽是地气温暖，这时已是十二月上旬，那童生还穿着麻布直裰（zhí duō，长衫），冻得乞乞缩缩（颤抖的样子），接了卷子，下来归号。……

因翻一翻点名册，问那童生道："你就是范进？"范进跪下道："童生就是。"学道道："你今年多少年纪了？"范进道："童生册上写的是三十岁，童生实年五十四岁。"学道道："你考过多少回数了？"范进道："童生二十岁应考，到今考过二十余次。"

师：你对文中的哪个词很关注？

生：长衫。

师：的确，文中的范进去参加考试的时候穿着破旧的长衫应试，因为那是他读书人身份的象征，所以孔乙己即使再贫困也不肯脱去长衫。让我们再次借助投影回忆文中的经典镜头。

教师出示投影，学生读。

孔乙己是站着喝酒而穿长衫的唯一的人。

"温两碗酒，要一碟茴香豆。"便排出九文大钱。

"不多不多！多乎哉？不多也。"

穿一件破夹袄，盘着两腿，下面垫一个蒲包，用草绳在肩上挂住……

不一会，他喝完酒，便又在旁人的说笑声中，坐着用这手慢慢走去了。

师：这是一个怎样的孔乙己？

生：他懒惰，而且很迂腐，死要面子

生：他是个落寞的读书人，很是可怜。

生：他对小孩子很热情，很诚恳，他也是一个善良的人。

【归纳人物】

师：文中的孔乙己终生未能进学，这个清高迂腐的读书人在被举人打折了腿之后用手走路，走进了秋风里，走向了他人生的穷途末路。请大家短暂思考，用下面的句式，说说自己阅读文章的感受。

出示例句：一个____人，一段____人生，一个____故事。

学生思考1分钟，引导明确。

生：一个读书人，一段多舛的人生，一个痛心的故事。

生：一个可怜的人，一段悲苦的人生，一个悲惨的故事。

【引导质疑】

师：

第一个问题：一个可怜的人，一段悲苦的人生，一个悲惨的故事。但文中却充满了笑声，为什么？

第二个问题：作者说这篇小说是他最为满意的作品，这又是为什么？

【交代目标】

今天让我们聚焦文中人物的"笑"，看看他们在笑什么，体会作者这样叙述故事的用意。

【自读批注】

师：下面请同学们速读课文，标画出文中描写人物"笑"的句段，尝试着分析一处。

教师浏览学生批注书写情况，及时给予指导。

师：刚才我看到大家都标画出了相关的句段，但写批注似乎遇到了问题。这样，我们以文中第一处对于"笑"的书写为例谈一谈，给大家提供一些思考的方向。

（教师出示投影，师生共同分析文章第四段的笑声。）

孔乙己一到店，所有喝酒的人便都看着他笑，有的（ ）叫道："孔乙己，你脸上又添上新伤疤了！"他不回答，对柜里说："温两碗酒，要一碟茴香豆。"便排出九文大钱。他们又故意的高声嚷道："你一定又偷了人家的东西了！"孔乙己睁大眼睛说："你怎么这样凭空污人清白……""什么清白？我前天亲眼见你偷了何家的书，吊着打。"孔乙己便涨红了脸，额上的青筋条条绽出，争辩道："窃书不能算偷……窃书！……读书人的事，能算偷么？"接连便是难懂的话，什么"君子固穷"，什么"者乎"之类，引得众人都哄笑起来：店内外充满了快活的空气。

师：请大家对比课文读一遍投影中的文字，找一找不同，并在括号内填入恰当的修饰语。

学生自主思考。

生：（展示朗读）这群人他们是在取笑孔乙己，但又好像是彼此熟悉的人之间的相互打趣。从孔乙己的表现就可以看出他非常重视自己的清白，从他的神态等也可以看出来，文中的"笑"给人一种很和谐的感觉。

学生认为短衣帮的问题只是朋友之间尖刻的问答，并没有恶意，只不过是孔乙己自己太看重罢了。

师：他们在笑他的什么？（学生可能还意识不到）我们一起还原一下当

时的情景。

师：你们在咸亨酒店喝酒，我是后来到的。……（师生合读。）

【对话交流】

师：你在括号中填了什么？为什么？

生：我填了故意，因为他们明明看到了别人的伤疤，却还要去寻根究底问别人原因，他们应该是故意的。

师：调一调语气，再来展示这种蓄意的故意。

师：这种故意是不是蓄意而为呢？我们把短衣帮的话连起来读一下，看看这些句子之间是不是很有逻辑性。

学生齐读。

生：短衣帮的话似乎是想好了的，一步步紧紧地逼迫，最终他们想要得到的结果就是证实孔乙己的确是被人打了，而且是因为偷书被人打的，并且还留下了伤疤。你孔乙己就必须要承认这一点，我们亲眼见过，你孔乙己撒不了谎。所以他们是蓄意而为。

师：他们的话是针对孔乙己的不幸而问的，孔乙己的确是有偷窃的毛病，那应该也是迫于生计的，算是他在生活中所犯的过错，所以就像书中说的，不能责人之过，所以他们应该是故意的。

师：从这个角度来思考的话，你应该用怎样的语调来表现？是问号所表示的关切，还是叹号所带来的特指和强调？

学生试读。

师：你觉得这样说，过瘾吗？注意这个"什么清白？……吊着打"能否再用肢体语言强化一下？

学生与教师共同演读这个片段。

师：（教师小结，形成板书）他们的这三句话似乎是连贯的，有理有据，信手拈来，专门为孔乙己准备的。人呀，真是太刻薄了，何苦抓住别人的一点短处不放呢？这群短衣帮，在笑，在哄笑他的不幸（丑事）。这一段我们抓住了人物说话时的心理,从人物的语言入手反推人物的初衷,并尝试用朗读进行表现,剩下的两处请大家自己再细心地揣摩,写批注,之后与小组同学交流、展示,4分钟,开始。

【深入研读,书写批注】

学生再次自由研读课文,选择文中描写"笑"的句子,自由朗读,书写批注。

学生小组交流,讨论确定推荐的精彩部分。

【学生展示1】

师:来,请大家展示你的发现。

学生:第六段,我在这里填写了,不怀好意。

　　旁人便又(　)问道:"孔乙己,你当真认识字么?"孔乙己看着问他的人,显出不屑置辩的神气。他们便接着(　)说道……

师:具体分析一下。

生:"你当真认识字么?"这个问题是显而易见的,孔乙己肯定是认识字的,短衣帮肯定不会糊涂到连这个问题都要问的地步,倘若真的没有目的,那他们可真的就是太傻了。

生:我填写的是故意耻笑。笑话读书人不识字,这就好像是问拿破仑是不是知道法国一样。这是对别人的一种侮辱。

师:这位同学用词准确,请大家标注出来。

师:那后面的空应该如何填写呢?

生:他们便接着高声说道。

师:为什么要高声说?低声说不行吗?

生:他们应该是胸有成竹,而且也找到了让孔乙己无法辩驳的理由了。请大家看他们接下来的问话内容:"你怎的连半个秀才也捞不到呢?"孔乙己颓唐到现在这样的地步已经很可怜了,别人还依然在极力地揭他的伤疤,就问你为什么没有捞到秀才，让你伤心，让你无言以对。

师：俗话说"揭人不揭短，打人不打脸"，他们真是太恶毒了。本来孔乙己人生最大的悲哀也是他最大的遗憾就是没能考中秀才进学，这应该是他最不愿意谈及的，但他们却偏偏在他的伤口上撒一把盐，这些人真是太可恶了！他们在笑孔乙己的不堪，笑他的落魄和无能。（板书：笑他的不幸）

师：（总结）他们把自己的快乐建立在别人的痛苦之上。

【学生展示2】

尝试添加画外音：第十一自然段。

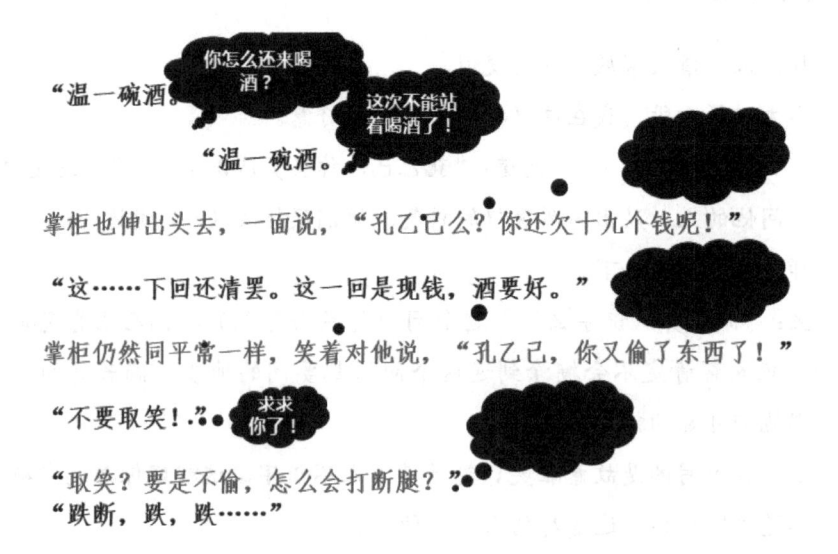

"温一碗酒。" 你怎么还来喝酒？

"温一碗酒。" 这次不能站着喝酒了！

掌柜也伸出头去，一面说，"孔乙己么？你还欠十九个钱呢！"

"这……下回还清罢。这一回是现钱，酒要好。"

掌柜仍然同平常一样，笑着对他说，"孔乙己，你又偷了东西了！"

"不要取笑！" 求求你了！

"取笑？要是不偷，怎么会打断腿？"

"跌断，跌，跌……"

生：我添加了第一处空白的画外音：你这个掌柜，在你的眼里就知道钱！

师：掌柜这样询问也很正常，人家是做生意的呀！

生：掌柜把头伸出去，他肯定看到了孔乙己现在的样子，知道孔乙己的处境艰难。按照常理，就是人之常情，哪怕是一个陌生人，这样一个被打折了腿的人在你的面前，你也应该关心地问一下，哪怕是寒暄一句也都是好的，但掌柜却仍然同平常一样，所以我在第二处添加了：你还有人性吗？

师：这位同学切中了掌柜的要害，原来他也高尚不到哪里去，只是一味地取笑罢了。

师：掌柜是冷酷的。作者在讲述这个故事的时候，早早地就把这个冷酷的掌柜给交代清楚了，请大家回读文章，再去翻一下，看看有没有端倪。

学生再读寻找。

有一天，大约是中秋前的两三天，掌柜正在慢慢的结账，取下粉板，忽然说："孔乙己长久没有来了。还欠十九个钱呢！"我才也觉得他的确长久没有来了。一个喝酒的人说道："他怎么会来？……他打折了腿了。"掌柜说，"哦！""他总仍旧是偷。这一回，是自己发昏，竟偷到丁举人家里去了。他家的东西，偷得的么？""后来怎么样？""怎么样？先写服辩，后来是打，打了大半夜，再打折了腿。""后来呢？""后来打折了腿了。""打折了怎样呢？""怎样？……谁晓得？许是死了。"掌柜也不再问，仍然慢慢的算他的账。

师：掌柜只是在打听，只是关心钱，至于孔乙己，只不过是他咸亨酒店的一个匆匆的过客罢了，生死对于他而言都是无足轻重的。（板书：笑他的悲惨）

师：（总结）文章用"笑"贯穿，巧妙地用小伙计的视角展示了人性的冷漠，在笑中展现悲剧，形成强烈的反差，更加凸显了文章的主题。这些人，我们称之为旁观者，也可以叫作看客。

板书设计：

孔乙己

鲁迅

不幸

笑　不堪

悲惨

教学反思

"学科德育"的实施与学科核心素养的提高,不是两条道上跑的车,而是水乳交融、互依互存、相互促进的。"学科德育"视域下,初中语文小说阅读教学指向文本语言,教文育人有目的、无痕化,能极大提高"学科德育"实施的实效性。

落实"学科德育"要直指文本语言,这是语文课程落实德育的个性特点。"言有尽而意无穷。"文学作品的语言并非一览无余,而是富于暗示。因此,小说阅读教学中要善于平字见奇、朴字见色、常字见险,要善于抓住最动人的笔墨;嚼细一个字,吃透一句话,文本解读就会有质的飞跃。

读小说,不是为小说所涉及的社会(大多数小说都发生在一定的社会背景下)、为小说中的人物贴标签;读小说的关键在读,关键在读的过程,关键在读的过程中把自己"摆"进文本,感受到其中的酸甜苦辣、喜怒哀乐。这种体验和感受是渗入骨髓的,是可以影响人、启迪人的。在教学《范进中举》的过程中,师生的演读"可见一斑":随着演读的深入,学生"啐"了范进以后的快感到读"老爷回府了"的时候荡然无存。其原因不在于演来演去烦腻了,而在于经历了"善变小人第一"胡屠户那不可思议的畸形经历后,学生觉得浑身不得劲儿。

俄罗斯小说家邦达列夫说:"一个人打开一本书,就是在仔细观察第二生活,就像在镜子深处,寻找自己的主角,寻找自己思考的答案,不由自主地把别人的命运、别人的勇敢精神与自己的性格特点相比较,感到遗憾、怀疑、懊恼,他会哭、会笑、会同情和参与——这里就开始了书的影响。"的确如此,只有与文中的人物同喜同悲,融入自己的情感,才能读出个性化的体验。

总之,读小说就是经历别样人生。初中语文"学科德育"教学之至境乃"润物细无声"。